连玉明 主编

中国脱贫攻坚的社会调查

山村调查

第五卷

社会科学文献出版社
SOCIAL SCIENCES ACADEMIC PRESS (CHINA)

编 委 会

汪冶国	张国华	孙清香	肖连春
赵灵灵	朱盼盼	王 琨	陈盈瑾
蒋 璞	姜思宇	李明环	洪羽婕
陈淑琴	高桂芳	蒋承恭	黄晓洁
米雅钊	翟萌萌	宋 馨	文 颖
梅 杰	陈 林	胡亚男	张 清
罗 荣	季雨涵	郑 婷	吴峻寒
梁凤娥	姜似海	李龙波	程 茹
彭小林	萧 伟	王 怡	严 旭
易康宁	谢思琪	刘珮琪	裴 飞
陈 贝	陈名彬	彭婷婷	钱 超
李 超	刘 胤	李明星	陈万涛
韦 佳			

首席摄影　胡凯

摄　影　张志强　楼乐天　储越

调研统筹　杨胜元

学术秘书　李瑞香　龙婉玲

序

北京国际城市发展研究院与贵阳创新驱动发展战略研究院和铜仁市人民政府发展研究中心合作，组织调研团队，赴铜仁市万山区进行调研，其中对几十个村落的调查，形成了这里五卷本的《山村调查》。这套书的主编、北京国际城市发展研究院的院长连玉明教授邀我为该书作序，我欣然接受。

我很高兴连玉明教授作为城市问题研究的专家，能够把目光关注到乡村。今年，也就是2019年，是新中国成立70周年，我国的人均GDP达到了约1万美元，城镇化水平首次超过60%，但城乡发展之间的巨大差距和乡村发展的相对落后，仍然是我国发展的一个软肋。如果现有的5.6亿农民不能普遍富裕起来，不能实现生活的现代化，就很难实现整个国家的现代化。

2018年全国农村居民人均可支配收入为14617元，只是城镇居民人均可支配收入39251元的37%。而且农村发展本身也很不平衡，2018年浙江农村居民人均可支配收入为27302元，是贵州农村居民人均可支配收入9716元的2.8倍。所以说，总体上看，我国绝大多数农民还没有摆脱相对贫穷的状况。

我国农民人数众多，且绝大多数是小农，每个农户的平均耕地面积只有约0.5公顷，仅相当于欧洲农户平均耕地面积的1/80到1/60，农耕收入微薄。从东南亚一些农地缺乏的国家和地区的现代化经验看，农业普遍像西方国家那样实行规模化经营很难做到。而目前"80后"农村青年就已经很少务农，务农农民过早出现老龄化，很难再转移成非农劳动力。农产品价格也已经多数高于国际市场价格，靠政府补贴财政压力很大，难以为继。怎样让广大农民普遍富裕起来，成为中等收入群体，是我国面对的最大难题。实行新型城镇化，实现城乡一体化发展，促进农户的多样性经营，不断提高农产品的附加值和农民的兼业收入，可能是唯一的选择。

新型城镇化与乡村振兴，实际上是同一个问题的两面。没有乡村的振兴，就无法实现新型城镇化。

《山村调查》这套书在资源枯竭型地区转型和脱贫攻坚的大背景下，从微观角度分析了几十个村落或社区的探索与发展。我国目前有近70万个行政村，数百万个自然村，在城镇化的大潮中，这些村落的发展情况千差万别，从纯农业村、兼业村、工业村到城中村，呈现各具特色的发展面貌。《山村调查》的对象集中在贵州铜仁市万山区，"转型"是万山乡村发展的最突出特点。万山因历史上盛产朱砂而被誉为"朱砂王国"，也是新中国最早的县级行政特区，万山汞矿储量和产量均曾列世界前茅，有"汞都"之称。但到2002年，有630多年开矿历史的贵州汞矿因矿产资源枯竭而正式宣布实行政策性关闭，曾经辉煌的万山特区一度急剧衰落，被倒逼走上了转型之路。

万山的"转型"体现在许多方面，在工业上从采掘业向现代工业转型，在农业上"从田到棚"转型，在服务业上"从小到大"转型。特别值得一提的是，万山地处武陵山片区，那里既是我国山清水秀、生态优美的地方，也长期是集中连片的贫困区。近几年贵州交通快速发展，成为我国西部地区第一个县县通高速的省份，无数的隧道和高架桥把山区连接起来，实现了山区的开放。转型发展和道路的联通带动人才、资金、技术向农村流动，自驾游、乡村康养休闲、乡村旅居等多种走入乡村的产业兴起，乡村振兴和"逆城镇化"成为万山未来发展的新潮流和新动力。万山已经于2018年成功整体脱贫，消除了困扰已久的极端贫困。当然，让农民普遍富裕起来的路还很长。这套乡村调查的书所描绘的变化细节，成为真切观察我国乡村巨变的窗口，也成为资源枯竭地区成功转型的一个样板。

习近平总书记强调，"调查研究是谋事之基、成事之道。没有调查，就没有发言权，更没有决策权"。本书编写组在万山调研的过程中，将前期摸底调研和集中调研相结合，将实地考察和座谈访谈相结合，这种深入一线、扎根基层的调查研究方式，再次证明"做社会学研究，拼的就是社会调查的深入扎实"，值得所有哲学社会科学研究者学习。《山村调查》以资源枯竭型城市万山为窗口，系统介绍了当前我国后发地区脱贫攻坚的积极探索和典型经验，深刻揭示了当前我国后发地区在发展中面临的突出问题，并有针对性地提出了对策建议。这些经验与建议既是万山的，也是贵州的，更是中国的。"观一叶而知秋"，这便是哲学社会科学研究的意义和价值所在。

是为序。

全国人民代表大会社会建设委员会副主任委员

中国社会科学院原副院长、学部委员

2019年10月20日于北京

目录

第九篇

‖ 仁山街道 ‖

006 坚持以人为本工作理念 打造居民满意新型社区
——贵苑社区调研报告

022 处理好六对关系 建设好美丽乡村
——挞扒洞社区调研报告

042 构建社区治理新模式 打造群众宜居新环境
——楚溪社区调研报告

058 加快城中村改造 强化精细化治理
——唐家寨社区调研报告

第十篇

‖ 谢桥街道 ‖

076 齐心协力助发展 农旅融合振乡村
——石竹社区调研报告

096　加强民族文化旅游资源的保护传承与开发利用
　　　——牙溪村调研报告

116　三大模式筑品牌　四大举措促发展
　　　——龙门坳村调研报告

136　探索"12345"工作思路　构建"一核多元"共治模式
　　　——冲广坪社区调研报告

156　以开展文化文明活动为突破口　提升移民社会融入水平
　　　——谢桥中心社区调研报告

172　"一核多元"提升社区服务管理水平
　　　——谢桥社区调研报告

190　以规划创新、理念创新提升农业现代化水平
　　　——瓦屋坪村调研报告

205　后　记

第九篇

仁山街道

黑云散去雨也去，登山望远一片新，高楼大厦立起来，
新城雏形已初现，娱乐购物样样有，
村民欢笑，祖国富强。

万丈高楼平地起，幸福生活从今迈。人民群众生活好，从此开始新时代。

新时代下生活越来越富裕，绿水、青山围绕着一栋栋新立的高楼。
闲暇时大家唱歌、跳舞，唱出新时代的变革，舞出新时代的变化。

坚持以人为本工作理念
打造居民满意新型社区

——贵苑社区调研报告

  2018年10月17~19日，铜仁市万山区转型可持续发展大调研第八小组宋青、陈林对仁山街道贵苑社区展开了为期3天的调研。调研小组召开了贵苑社区干部、群众代表座谈会。支部副书记沈军，副主任刘昆，居委会委员周黎，易地扶贫搬迁户刘红、李声珍，群众代表沈复喜、沈中飞、蒋烈、沈青海、沈中英等参加会议。调查期间，调研组对社区第一书记吴成双，社区监委会主任沈海军，社区副主任刘昆，致富带头人周化望，易地扶贫搬迁户刘红、李声珍，返乡创业者彭丽，观山雅居小区卫生室医生刘佳等进行了专访，深入走访易地扶贫搬迁户刘红与李声珍的迁入地和迁出地，实地考察周家安置区、万山区电商生态城、太平洋商业广场、铜仁汽车南站、己文化主题酒店、谢桥新区楼宇党委党员服务中心等。通过实地调研考察，调研组切身感受到了贵苑社区近几年翻天覆地的发展，也感受到了这里的干部群众渴望发展的心情、投身家乡发展的热情以及对这种快速发展的一致认同，同时，还深切体会到了这里的人们因城市快速转型发展而感受到的冲击和短期内的不适。透过贵苑社区这一缩影，调研组看到了社会转型下的短暂迷茫与持续奋进、城市转型下的乡愁文化保护与发扬、经济转型下的瓶颈与突破。

一、基本概况及历史沿革

（一）基本信息

贵苑社区所在区域是一片山地，居住着沈、周、刘、唐、滕几大家族。据当地村民介绍，他们的祖辈是明朝时期从江西、福建等地迁徙而来的。沈姓主要居住在沈家组，周姓主要居住在周家组，刘、唐、滕、列、姚等姓氏主要居住在火焰垱组。万山区推动"两个转型"发展后，贵苑社区所在区域向山要地，拉开了大发展的序幕，正在由偏远山村建设成为城市新中心。贵苑社区就是顺应万山转型发展大趋势，于2017年1月成立的新社区。社区面积约2.25平方公里，平均海拔约500米，社区3个居民小组共计15737人，其中，流动人口14650人。社区共有低保户共8户14人、精准扶贫户1户1人、五保户两户2人。2016年贫困发生率为0.04%，2017年已全部脱贫。

（二）基层组织

贵苑社区有"两委"班子成员6人、中共党员16名、入党积极分子6人，共1个党小组。贵苑社区现任第一书记是吴成双，于2018年8月由铜仁市万山区开源投资集团广源置业有限责任公司派驻。驻村工作队常驻队员：李勇军（仁山街道办事处人民武装部部长，开始驻村时间为2017年3月），黄礼安（仁山街道办事处水务站站长，开始驻村时间为2017年3月），罗健（仁山街道办事处贵苑社区驻村干部，开始驻村时间为2017年11月）。社区支部书记：沈丽，女，苗族，中专学历，开始任职时间为2016年12月。社区主任：沈中成，男，苗族，高中学历，开始任职时间为2016年12月。社区副主任：刘昆，男，侗族，高中学历，开始任职时间为2016年12月。社区监委会主任：沈海军，男，苗族，高中学历，开始任职时间为2016年12月。

(三) 社区特色

村民提供的老照片显示，转型发展前的贵苑社区所在区域是一片山地村落景象，随着万山区的转型发展，这里已经呈现出一片生机勃

2018年10月25日，连玉明院长与北京银座幼教集团贵州区域总监、北京银座万山区第八幼儿园教育指导人齐伟杰交流幼儿园办学情况。

勃的城市景象。原来的村民已经转变成居民。变化大、变化快是贵苑社区近几年来最大的特征。经济、社会、城市快速转型下，居民呈现出短期的迷茫以及对特色文化的坚守。姓氏文化、龙灯文化、茶灯文化等铺就了贵苑社区居民生活的底色。

二、基础条件和优势特色

贵苑社区具有良好的区位优势，距离万山区产业园约1000米，与谢桥社区、唐家寨社区、高速南站、义乌城、西南国际商贸城相邻，距万山区新客车南站约300米，交通便利。主要产业是挞扒洞社区集体经济、多彩种养殖农民专业合作社和寿丰农业农民专业合作社，这三个产业实现仁山街道所有建档立卡贫困户入股分红全覆盖。贵苑社区流动人口多，管理难度较大。为进一步做好社区矛盾纠纷调处工作，社区对组实行干部包片制度，做到出现矛盾纠纷第一时间有人管有人问，保证纠纷得到及时处理。

三、创新实践与发展模式

在仁山大发展的背景下，贵苑社区发生了大翻地覆的变化。"这里原来是一片山，我小时候就在这山上放牛"，接受调研组访谈的贵苑社区周家组的致富带头人周化望说，"原来都是泥巴路，不穿水鞋出不了门，你看，没几年的时间这里发展这么快。"发展得快是这里的人们最引以为傲的事情。为适应城市快速发展的脚步，贵苑社区加强自身建设，始终以"塑造新市民，增强幸福感"为社区工作理念，坚持"从

2018年10月25日，连玉明院长与万山区人民政府办公室副主任杨胜元，仁山街道党工委副书记、办事处主任姚斌交流了解观山雅居易地扶贫搬迁移民安置情况。

居民群众最满意的事情做起，从居民群众最不满意的事情改起，从居民群众最赞成的事情抓起"，构建广大拆迁安置居民和异地扶贫搬迁户满意的新型社区。

（一）做实社区党建工作

贵苑社区刚成立时，共有党员16名。2018年春节前，易地扶贫搬迁居民逐步进入社区生活，他们来自5个县13个乡镇，共有党员9人。为更好发挥社区党员先锋模范作用，社区党支部第一时间研究部署尽快把易地扶贫搬迁户的党组织关系转到社区，建立了社区—小区—楼栋上下联动和各负其责的党组织网络，形成了社区党组织统领社区各项工作的工作机制。以楼道、小区、路段为单位，将社区的工作人员与小区党员捆绑包点，定人、定责、定岗，让党员在居民自治中充分发挥作用。另外，还要求党员在自己居住的区域联系2~3户群众，定期上门专访一次以上，及时了解和发现居民要求，力所能及地帮助易地扶贫搬迁户解决问题。这些活动的开展，使党员亮出了身份，亮出了职责，从心底里产生"我是党员"的荣誉感，使之在社区"三个文明"建设中发挥的作用越来越明显，真正让党员身份和党员形象成为社区群众认可的名片和品牌，带动更多的群众参与社区建设，凝聚了宝贵的民心民气。

（二）做实平安社区建设

贵苑社区人口密集且人员结构复杂，治安管理难度较大。贵苑社区从三方面夯实平安社区建设基石。一是强化舆论宣传，营造创建氛围。依托未成年人教育基地、社区墙报、宣传柜窗、宣传手册等，进行有针对性、有实效的治安知识宣传和普法教育。二是创新调解机制，化解矛盾纠纷。建立社区、小区、楼道"三级联动"的"民事调解队伍"，由老党员、老干部、退休职工组成的"平安志愿者队伍"，由外来人口中政治素质高、有威信的代表人物组成的"老乡调解队伍"，使矛盾纠纷早发现、早化解，及时介入、跟踪协调各类矛盾纠纷，并组织社区干部、法律工作者、社区民警等开展联动调解。三是组织居民巡逻，护航社区平安。贵苑社区组建主要由青年民兵组成的义务巡逻队，并不断壮大这支队伍。实践证明，社区义务巡逻队是保障社区平安的一支先锋队，两年来，全社区没有发生因民事矛盾激化而造成的恶性事件，也没有发生过重大的刑事案件。

(三) 做实温馨社区建设

贵苑社区立足辖区内易地扶贫搬迁居民多、征地拆迁安置居民多、外来务工人员多的特点，紧抓温馨服务工作。一是提供就业创业培训服务。社区依托机关培训基地、社区服务中心等，积极整合有关企事业单位资源，努力为征地拆迁安置居民、易地扶贫搬迁户适龄劳动人群开展技能培训、劳动就业培训、创业引导培训等。二是组建水电维修队。水电的维修对于刚从农民转变来的新居民来说是个难题。为解决这一问题，社区挑选了两名有水电维修能力的专业人员沈茂林、何书林组成了社区水电维修队，并向全社区承诺提供24小时全天候服务，除收取材料费用外，其余一律免费。两年多来，不管维修队人员怎样更换，这支队伍始终不散，服务宗旨始终没变，为居民群众的日常生活提供了方便。三是成立就业创业服务站。贵苑社区在全市率先成立

2018年10月18日，调研八组实地考察周家安置区。

了社区就业创业服务站，通过建立信息台账、提供信息帮助、推荐就业岗位等，积极为拆迁安置居民和易地扶贫搬迁户提供就业创业帮助。吴兴德原先在村里时靠种田维生，入区上楼后，他和妻子因无一技之长而双双失业在家，他抱着试试看的心态求助社区就业服务站，没想到的是在社区就业创业服务站工作人员的帮助下，他和妻子都找到了工作，一个当保安，一个当保洁员。两年间，贵苑社区就业创业服务站与附近企业、人才市场等合作，为社区近千名失业困难居民找到了工作。

四、突出问题与难点

(一) 城市快速发展中面临基础设施配套不能及时跟进的困境

随着仁山的快速建设发展，原来相对偏远的区域发展成了城市的中心，越来越多的人口聚集在这里，这就对基础设施配套提出了新的要求。在调研走访中，调研组发现农民在安置地修的房屋和城中村的房屋出租给了大量的外来务工人员（贵苑社区共有人口15737人，其中原有人口1087人、流动人口14650人），这些房屋大多承载着商住两用的功能，但是地下管网老旧容易淤堵、缺少公共厕所和医疗文化设施、电线网线乱如麻且缺少消防设施，有非常大的安全隐患，影响城市形象以及居民的生活质量，制约了仁山作为城市新区的功能发挥。调研组实地考察周家安置地时，贵苑社区监委会主任沈海军说："这里最担心的就是消防问题，没有消防设施，而且上面全是线，消防车也开不进去，一旦高层失火怎么办？"此外，在周家安置地，调研组随处可见中老年人在路边打牌，随机询问几位老人每天的日常生活，一致的回答是"没的地方去，就在这里打牌玩"。沈海军补充说："贵苑社区没有这些老年人活动的空间，也没有体育设施，没有公共厕所。"仁山的转型发展实现了从丛山峻岭到高楼林立的跨越，然而，需要正视的是，当地居民的精神文化生活亟须加强。贵苑社区的居民在实现物质脱贫的同时，进入全新的生活环境，存在着习惯上的不适应，仍旧保留着农村生活的一些风气。大多数60岁以上的老人，在照顾孙辈的休息时间，或盘坐在社区公共草坪上打牌或蜗居于家中，精神生活较为匮乏。同时，老年大学、兴趣培训班、跳舞广场及各种爱好协会等社区精神生活场所稀缺，进一步加剧了该问题的情况。

（二）城市快速发展背景下农民变居民面临的可持续发展困境

城市的转型在带来全新发展生机的同时，也给刚从农民转变而来的新居民带来迷茫。以仁山街道贵苑社区为例，常住人口基本上都是征地拆迁户，从农村转入城市，老年人面临着生活方式转变的问题，中年人面临着事业走向选择的问题。尤其是40~60岁这一阶段的人群，过往的事业发展方向在城市整体转型的背景下产生变化，如何与城市发展方向相融合，是该群体面临的最大问题。致富带头人是该群体中的佼佼者，他们成功把握住了转型契机，而该群体的其他成员，大多仍处在转型期的迷茫之中。就像贵苑社区的致富带头人周化望说的这样："因为这里的百姓从农民转成居民还不适应，很迷茫，对未来没有方向，需要丰富他们的文化生活，从精神层面引领他们适应新生活。"

（三）城中村改造过程中的特色文化元素面临流失困境

城中村改造是仁山街道下一步工作的重点和难点。城中村的改造

2018年10月18日，调研八组实地考察谢桥新区楼宇党委党员服务中心。

一方面为城市品质提升提供重要机遇，但另一方面，在这个过程中当地特色文化元素也面临着流失的危机。像周家组、沈家组等姓氏文化特色，会随着城中村的拆除而淡化消失，造成城市趋同化严重，生活在这片土地上的人们逐渐缺失文化认同感和归属感的问题。

五、对策与建议

（一）注重城市快速发展中的基础设施配套建设

在硬件配套上，充分利用现有土地资源，针对不同群体尤其是中老年群体，加快文化中心建设、完善休闲场所建设。在软件配套上，大力发展兴趣爱好协会，同时，利用传统节日和星期天开展节日民俗和文化娱乐主题活动，开展"文明市民""文明家庭""身边好人""最美贵苑人"等评选表彰，整体提升居民精神文明水平。

（二）注重城市快速发展背景下的农民变居民的可持续发展

一是加强培训引导，提升居民的个人综合素质。以社区为单位组织开展转变生活理念及生活方式的培训，科学引导其规划未来发展方向，并组织多样化有意义的文化活动，丰富居民精神文化生活，以适应角色的转变，促进生活可持续发展。二是加强社区管理人员的能力建设。三是进一步加大政府对社区工作的支持力度，完善就业服务设施，创造有利的就业机制和环境。四是积极引导村民所从事产业的转型。

（三）注重在城中村改造过程中对特色文化元素的保护

"农民在城市发展中做了很大贡献，他们必须离开自己从小生活的土地和家园，由于不能再继续住在一起淡化了亲情"，社区监委会主任沈海军这样说。他给调研小组看手机中珍藏的沈家组拆迁前的老照片，那是葱翠的梯田和错落有致的民房。看着眼前高楼林立的城市，钢筋混凝土覆盖了原有的土地，或许在城市化的过程中，我们真的遗漏了一些重要的东西。城市化不等同于雷同化，优秀传统文化的保留是城市化进程中需要注意的一个重大问题，或许这才是给失地农民最大的精神慰藉，毕竟，人民群众的获得感是我们一切工作的根本目标。建议在城中村改造过程中，更加尊重传统文化特色，留有文化空间，确立文化发展目标。重新划出历史文化保留用地，重建宗祠群，保留社区内重要历史文化空间，以延续文化认同，加强居民精神归属感，延续居民对传统村落生活的记忆以及乡愁的文化符号，同时也为落实全域旅游提供支撑。可与已规划的步行街的打造相结合，传承龙灯文化、茶灯文化等特色文化。

参考文献

1. 铜仁市万山区转型可持续发展大调研组 :《万山区仁山街道贵苑社区调研简报》，2018。

2. 仁山街道贵苑社区 :《贵苑社区基本情况》，2018。

3. 仁山街道贵苑社区 :《贵苑社区脱贫攻坚基本情况》，2018。

蓝天白云常相伴，绿水青山映眼帘。彩船隐没在浓淡相宜的绿色里。那抹浓绿、鲜绿、翠绿、油绿，是大自然的杰作，极尽渲染着夏的生机盎然，泼洒着沁入心脾的气息。

七彩的房子在大山深处怒放，整齐的灯笼为晚归的客人照亮回家的小路。在这里，逃离了城市的喧嚣，拥抱诗与远方，为无处安放的心提供了慰藉。

水墨画般的长寿湖从画中走来，绿水青山与蓝天白云相得益彰，湖水从家家户户门前潺潺流过，船只在岸边静静停靠，这一切都是那样静谧、美好。

处理好六对关系 建设好美丽乡村

——挞扒洞社区调研报告

2018年10月17~19日，铜仁市万山区转型可持续发展大调研第八小组贺羽、胡亚男赴仁山街道挞扒洞社区进行实地调研，调研以召开座谈会、专访、入户走访和实地考察的形式展开。万山区仁山街道农业服务中心主任罗勇、万山区市场监督管理局食品药品检验所所长杨长伍、社区居委会主任蒋德宁陪同调研。调研组在挞扒洞社区委员会二楼会议室召开了座谈会，社区7名干部委员及群众代表参加会议。专访了挞扒洞组脱贫户蒋光辉、黑冲组脱贫户杨珍娣、苗寨组脱贫户杨昌会、多彩种养殖农民专业合作社法人蒋秀雄、寿丰农业合作社法人喻建军、社区环卫组长安明孝。入户调查了百岁老人蒋国成家庭、80岁老人喻再德以及塔寨组居民喻再友等10户家庭。

挞扒洞社区是万山区城镇化发展的典型，地理位置靠近仁山街道城市中心，处于从农村向城市社区转型的过渡期，仍然保留着集体经济。颇具特色的自然条件和长寿文化，让其具有乡村旅游的强大发展潜力。

一、基本概况和历史沿革

（一）挞扒洞基本概况

挞扒洞村位于万山区西北部仁山街道办事处境内，地处梵净山大道终端，东起龙生水库大坝，南以通村公路为界，西止于太阳冲水库，北依木杉河水岸沿线。距铜仁市区10.2公里、仁山街道办事处8公里、万山区行政中心6公里，有"铜仁市南花园"之称。社区面积7.62平方公里，耕地总面积约2140亩，森林覆盖率超过85％。辖有塔寨组、黑冲组、挞扒洞组、苗寨组4个村民组，共350户984人，以侗族人口居多。全村有65岁以上老人110人、80~100岁老人25人，1949年以来，共出百岁老人21位。社区有建档立卡户52户179人、低保户21户35人、五保户1户1人、残疾人户22户25人，贫困发生率为0。[①]

（二）基层组织

2016年通过选举成立了社区支部委员会、居委员、监委会，共有工作人员10人。有4个党小组，有党员38名、社区干部7名。有驻村工作组一个，共3人。杨长伍（万山区市场监督管理局食品药品检验所所长）是脱产驻村干部。[②]

（三）区划调整情况

挞扒洞境内的挞扒洞水库有两处溢水口，水漫过堤坝，从山涧倾

---

① 资料来源：《挞扒洞社区调查表》，2018。
② 资料来源：《挞扒洞社区基层党组织情况介绍》，2018。

斜而下形成"银丝瀑"，其下有一洞穴，洞口宽约2米。传说当年猪八戒在水中与蜘蛛精嬉戏，将九齿钉耙搁于悬崖处，以致今日流水分出数股，状若"挞耙"，因而得名"挞扒洞"。挞扒洞正在从农村向城市社区转型。从行政区划看，在2011年以前，挞扒洞属于铜仁地区碧江区谢桥街道办事处；2011年撤销铜仁地区设立地级铜仁市后设立万山区，谢桥街道挞扒洞村划为万山区辖区；2017年1月仁山街道从谢桥街道析置出来后，挞扒洞社区划入仁山街道管辖，成为一个离城区较近的城市社区。当前，其发展模式与风俗仍保持着农村面貌，社区仍保留有集体经济。尤其是在脱贫攻坚期，社区的集体经济还承担着整个仁山街道的脱贫长效分红任务。调研组还了解到，为满足万山区城市发展的需求，正在组建丹都街道办事处，挞扒洞社区将划给该街道管辖。

二、基础条件和优势特色

(一) 自然环境优美，是贵州第一个"长寿村"

挞扒洞社区山环水绕、空气新鲜、民风淳朴。2000年10月，被国家老龄委挂牌为"长寿村"，是贵州第一个长寿村。据统计，50年来，村里出了21位百岁老人。挞扒洞的人们之所以长寿，一方面得益于具有良好的空气、水、阳光、磁场四大人类健康要素。这里海拔高，森林覆盖率高达85%，平均每立方厘米空气中拥有2000到5000个负氧离子。这里水质优良，达国家Ⅰ类水标准，可直接饮用，泉水多数经过数千米的伏流才露出地面，融入了不同地层中所富含的硒、锶等有益于健康的微量元素，这些元素被身体吸收后，对调节生理机能、促进延年益寿，有着特别重要的作用。另一方面，居民笃信"家有一老，如有一宝"，把老人尊为"泰山"，尊老文化浓厚，继承了中华民族"百善孝为先"的传统美德，铸就了挞扒洞独具特色的"长寿文化"。

（二）旅游资源丰富，是养生休闲度假的胜地

社区饮用安全自来水及纯净水，交通畅通，电力、通信实现全覆盖。社区累计投入基础设施建设资金1000余万元，其中，建设旅游公厕1座，建成停车场1个约9000平方米，完善生态防洪堤及旅游步道，建立文化广场3个约2000平方米，打造特色村寨度假山庄1个，设立卫

2018年10月25日，连玉明院长走访长寿村64岁"赤脚医生"蒋世豪，交流并查看贵州省黄埔军校同学会铜仁地区联络组发给其爷爷蒋绪群确认其爷爷为黄埔军校武岗分校毕业生的函。

2018年10月25日，连玉明院长与挞扒洞社区支部书记蒋秀林交流了解长寿村概况。

生服务站1个、挞扒洞红军小学1所、水库3座、小型水电站1座。[①]

　　挞扒洞村地层大部分属海相沉积，呈带状分布，厚度较大。地处山川台地与河谷深切地带，坡度较大，多在25°乃至30°以上，地形崎岖。山谷溪流蜿蜒流淌，两岸群峰耸立，植被葱茏。境内河流为木杉河，属长江流域沅江水系，为锦江上游一级支流，因筑坝蓄水建小型电站而形成了龙生水库、太阳冲水库及挞扒洞水库（长寿湖）三个水库。在三级电站水库的基础上建设的万山区长寿湖国家湿地公园，保持着高原与丘陵交汇、森林与湿地相融的地势风貌，适合物种繁殖、保护生物多样性，是挞扒洞的重要旅游资源，成为城市休闲游玩的重要景点。坐落在挞扒洞社区的挞扒洞水库是长寿湖国家级湿地公园的

----

① 资料来源：《挞扒洞社区基本情况汇报》，2018。

重要部分，挞扒洞源源不断的溪水流入库区，水质优良，水面碧波荡漾、风光旖旎，这里既可以露营烧烤，又可戏水纳凉，身居此处，会让人分外安宁、静心，是户外休闲活动的好选择。

挞扒洞村利用天然优势发展旅游，现已注册农家乐、商户28家，年接待游客约10万人次，增加旅游收入约120万元。有农民专业合作社8家，发展精品水果400余亩（油榇李200余亩、西式红梨30余亩、蜜香柚30余亩、枣子100余亩、桃子40余亩），发展特色家禽养殖贵妃鸡15000余羽、宫廷油鸡1000余羽、土鸡6000余羽，发展特色产业花卉基地50余亩。有纯净水生产企业2家。2017年社区集体经济收入达7万元。

三、创新实践和经验模式

（一）"生态旅游＋农家乐"：旅游发展新态势

从2014年以来，挞扒洞按照"念好山字经、做好水文章、打好生态牌"的定位，着力打造"亲山水，近自然，忆乡愁"的乡村旅游。仁山街道挞扒洞社区联系干部仁山街道农业中心主任罗勇介绍："入夏以来，挞扒洞每天都人来人往。来到挞扒洞社区，长寿湖里格外热闹，人们有的泛舟湖上，有的在湖里游泳，有的在湖边嬉戏打闹，市民们都不约而同地选择到长寿湖来躲避炎炎夏日。看到前来避暑的客人逐渐增多，社区充分利用当地的自然优势，发展起了生态旅游，通过免费开放社区长寿湖吸引游客，让居民们在自家门口做起了生意，当起了小老板。"居民喻再友说："周末相邀几个好友，带上一家人到长寿湖，既尝农家美食，又可以感受农家生活，夏天还凉快。"百岁老人家庭户蒋国成说："如今，挞扒洞的路全都硬化好了，长寿湖景区管理也越来越完善，挞扒洞的名声逐渐扩大，吸引着越来越多的人慕名前来。"

挞扒洞社区主任蒋德宁介绍："自从开放挞扒洞长寿湖以来，夏天来我们这里避暑的人越来越多，来社区旅游的游客越来越多，要把我们得天独厚的资源优势充分利用好。刚开始只是简单办了一个饮食店，后来，开起了农家乐，慢慢我们还增加了烧烤、租泳圈、租船等。现在夏天基本上每户农家乐都满桌，供不应求。截至目前，挞扒社区已经有28户办起了农家乐，有农家床位50多个，还有两家省级三星级农家乐、8家农民专业合作社。"

挞扒洞社区以打造"铜仁市后花园"为抓手，不断深化美丽乡村建设。通过政策支撑、定点帮扶等举措，激活了挞扒洞社区旅游的一池春水。据统计，挞扒洞现有100余人直接参与乡村旅游经营和服务，人均收入已达3万元。

(二)"承包＋租赁"：集体经济发展新模式

"承包＋租赁"模式壮大集体经济。挞扒洞社区借区委、区政府出台的政策优势，探索集体经济发展模式。例如，依托挞扒洞社区长寿湖旅游资源，打造了蝴蝶谷。蝴蝶谷利用良好的地理位置优势，除提供餐饮与住宿外，还在前面大片空地组织唱歌、表演、生日会等活动，增强了娱乐活动的丰富程度。绿树环绕、湖水清澈，身在其中十分惬意。采用"承包＋租赁"的模式，将蝴蝶谷承包给相关企业经营，每年收取租金10万。自2017年开业以来，蝴蝶谷给仁山街道共64户贫困户分红，每户每年1500元。2017年11月成立寿丰农业农民专业合作社，发展大棚蔬菜和大棚花卉种植业，花卉可以供仁山街道城市绿化带建设，既促进集体经济发展，又能服务城市建设。此外，将合作社承包给专业企业经营，每年获取租金33万元。花卉种植搬运全部聘用本地居民，很大程度上解决了当地居民的就业问题。自2017年成立以来，共给28户贫困户分红，发展蔬菜大棚时每户每年700元，花卉种植后每户可以多分到1500元。

"龙头企业＋贫困户入股"模式发展种养殖业。多彩种养殖农民专业合作社是当地社区居民蒋秀雄创办的，通过"种植＋饲养"，提高土地附加值，打造全产业链模式。合作社将现有农户174亩、本社71亩及新增的邻村84亩桃树进行高位改接。多彩种养殖农民专业合作社的种植以柚子为主，种植过程不用化肥，另外提供旅游观花、观果、自由采摘等体验，积极带动农户发展精品水果，提高人均收入。合作社同时发展林下养鸡，以散养、熟饲料喂养为特色，是铜仁市唯一一家无饲料喂养的养鸡基地。养殖的鸡主要销售给农家乐经营户，带动农家乐发展，形成整体的产供销经济链。此外，合作社为农户提供免费技术培训，为散户提供代销服务，带动本社区农户发展。贵妃鸡种鸡保护养殖一分场负责人喻国富说："（自己）通过多彩种养殖农民专业合作社接受了免费的养殖技术培训，利用自己的土地开展养殖业，经营状况还不错，也算是脱贫致富了。"社区入股多彩种养殖农民专业合作社29.09万元，合作社收益中的一部分也将参与社区贫困户分红，每年每户1005元。

（三）"入股分红＋政策红利"：脱贫攻坚新机制

挞扒洞社区以"四在农家·美丽乡村"建设、脱贫攻坚为契机，实现了干净整洁的硬化路通组到户，完成"五改一维一化"152户，当地群众的居住环境得到进一步改善。2015年实现全面脱贫。

挞扒洞苗寨组脱贫户杨昌会说他的脊椎病比较严重，每年疼痛厉害的时候都要去万山医院中医科治疗，以前费用较高，近两年因为是建档立卡户，享受了医疗免费政策，不仅医疗费全部免费，还报销了来回路费、生活费等。出院的时候驻村干部杨长伍还经常送他回家，帮扶干部蒋秀林也经常到他家或者打电话慰问，关心他的身体和生活情况。"脱贫验收后，政府工作人员来的次数就减少了"，他说，"现在生活条件好了，也希望不要麻烦他们，他们也有自己的工作和生活。"

扒洞社区塔寨组80岁老人喻再德介绍，现在的收入主要由每月低保补贴215元、养老金70元、土地流转1115元、退耕还林还草补贴每

2018年10月25日，连玉明院长走访挞扒洞红军希望小学，与校长陈洁交流。

年1000元构成。他语重心长地说："现在政策好，以前自己的土地荒了就荒在那里了，现在还能通过土地流转和退耕还林等政策增加自己的收入。"

挞扒洞社区黑冲组脱贫户杨珍娣说："现在有低保户补贴885元，每年分红有2205元，公公有养老金70元，孩子兜底每年有600元。在2016年，仁山街道办事处通过提供公益性岗位，让我在办事处食堂上班，包吃每月还有2000多元的收入，收入大大增加了，国家政策好啊！"

（四）"政府监督＋全民参与"：生态保护新路径

关停污染产业，保护水资源。挞扒洞水资源丰富，网箱养鱼一度成为社区河岸沿线居民的首选产业。但无序发展使得当地的水资源遭受破坏，万山区对挞扒洞三级电站库区网箱养鱼问题开展了专项取缔行动，取缔网箱养鱼之后进行转产，很好地保护了生态环境。

建立乡村环卫工作制度，由社区班子成员分片区负责。全村生活垃圾按照"村收集、镇转运、区处理"的原则处理，垃圾收集池实现村组全覆盖。配备了1艘垃圾清理船、1辆运输车、4个垃圾集中箱、3名保洁人员。夏季游客众多时，会另聘请3名临时保洁员，分别负责护山、护水、护路工作，实现环境清理全覆盖。

通过环保宣传，提升农民环保意识。社区通过"村庄整治大比武"，在每个村民组分别评选"最美卫生户"，营造良好的社区环境治理氛围。通过领导班子的重视以及宣传，挞扒洞社区居民正逐步改变以前的卫生习惯，生态资源是挞扒洞社区最大财富的意识、保护周围环境的意识明显提升。本区域在发展农家乐过程中，注重周边环境治理和保护，严禁将垃圾投排到湖水中，要求垃圾进箱统一进行处理。湖边有居民自己立着的"垃圾必入桶，违者罚款玖拾元"警示。

四、存在问题和工作难点

（一）乡村旅游特色挖掘不够充分

第一，挞扒洞社区夏季游客日均达到2000人，停车难、道路窄等问题是游客评价差、满意度不高的原因。在其他季节，无其他娱乐休闲设施，养生和民宿产业因受到硬件设施差、规划红线等限制也未能得到发展，旅游业呈现日益削弱的趋势。第二，长寿文化挖掘和宣传不充分，宣传渠道还比较单一，长寿的延展性文化未能得到充分挖掘和拓展，导致长寿文化的表现力还不够强。第三，乡村旅

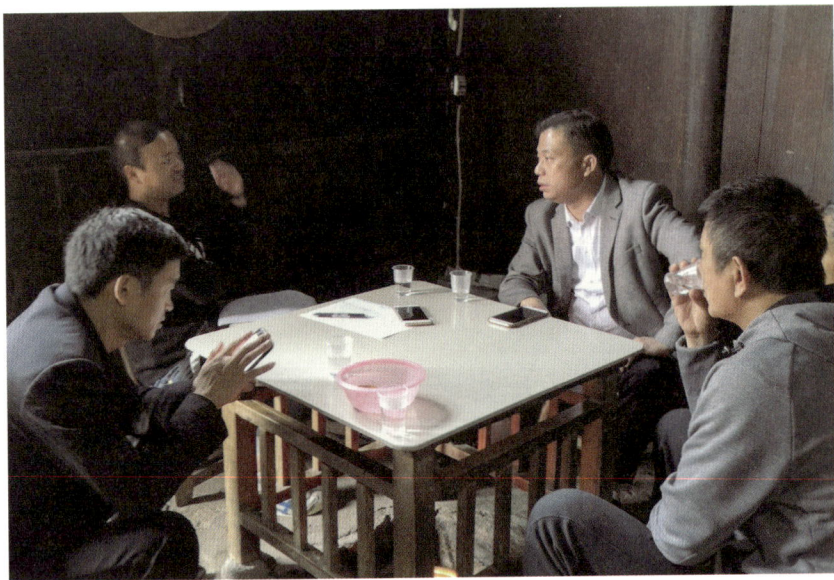

2018年10月17日，调研八组与驻村干部杨长伍、社区居委会主任蒋德宁进行交流。

游的特色呈消退趋势。由于城市发展和生活现状的影响，传统的农村木房和居住设施环境不能满足时代的发展需求，村民大面积建设砖房，真正的"农"家特色在逐步消失。退休村干部蒋国成说："现在这里的夏季旅游吸引力逐年下降，没有比较好的娱乐项目，只是游泳避暑，回头客日渐减少"。第四，农家乐经营的范围和项目同质化，以低端的烧烤和棋牌为主，离乡村旅游发展的标准和要素还存在较大差距。驻村干部杨长伍说："目前都是散户小规模经营，食品卫生、农产品质量和配套设施标准不明晰，价格竞争不透明，高端化经营也无龙头带动，眼光不够长远，品牌发展意识薄弱，可持续发展仍然是重大难题。"

（二）基础设施建设亟须提档升级

随着乡村旅游的热度不断提升，社区到街道、城区的唯一一条干道已经不能满足发展的需求，道路狭窄、弯度大、安全风险高的问题较为突出。另外，社区无公共交通工具，只能依靠往来的私家车和摩托车，交通便利度还需进一步提高。正如挞扒洞社区塔寨组80岁老人喻再德说："当前最大的期望，就是扩宽主干道，解决主干道断头路问题，让主干道与其他村组打通，促进挞扒洞社区的辐射和开放发展。"

（三）农村转为城市社区还未适应

随着城市化的发展，为适应万山区的转型发展需要，挞扒洞村由于离仁山街道城区近的地理位置优势，从2017年开始改为挞扒洞社区。由农村转为城市社区，用地规划等方面发生了改变。仁山街道城区发展速度较快，但是对挞扒洞社区建设的项目倾斜度不高，挞扒洞发展速度远远落后于其他三个社区。体制机制上还未按照城市社区运行，还处于过渡期。农民转为市民的进程也较为缓慢，很多不适应发展的问题还需进一步解决。

五、对策与建议

(一) 加快发展理念转变，处理好生态保护与经济发展的关系

农村村民的整体素质和价值观念还存在不同层次的差异。基层干部要充分发挥好上传下达的作用，做好、做到位思想、政策宣传工作，要不断提高绿色发展意识，并获得老百姓的理解。要在发展集体经济上转变意识，从长远发展的角度思考本社区的发展前景和问题。守好生态保护与经济发展两条底线，坚持绿水青山就是金山银山理念，处理好保护与发展的关系，在做好规划的基础上，不断探索发展的新领域和新空间，通过培育和引进致富能手返乡创业的方式带动本社区的产业发展。要充分利用虽是城市社区但保留集体经济的契机，寻找更多壮大集体经济的路子。

(二) 加快基础设施提升，处理好发展需求与承载力的关系

挞扒洞主干道狭窄、安全风险高是当地居民反映最多的问题。针对道路问题，要做好以下工作。一是引进高端乡村旅游开发公司和专家团队，根据出行需求和旅游基本承载力对道路改造进行可行性分析，循序渐进推进道路提档升级。二是要把握从农村过渡到城市社区的规律，不走大拆大建的老路，尊重城市规划和建设的基本规律，避免重

复建设和资源浪费。三是要在打通与其他村道路、解决挞扒洞断头路问题的基础上，联合周边各村争取把主干道的提档升级纳入区级乃至市级重点项目。四是在乡村旅游发展盛行的当下，即使满足不了游客需求，也要坚持高质量发展，不能因扩宽道路而破坏山体。五是争取融入城市公共交通网，开行中小型、安全性较高的公交车，不断提高出行和游览的便利度。

（三）高品质发展农家乐，处理好短期受益与长期增效的关系

一是注重特色文化。农家乐姓"农"，不能仅以满足于吃吃饭、打打牌或者钓钓鱼，要注重农家乐的文化内涵，挖掘挞扒洞特有的以饭菜乡土文化、民俗生活、风土人情为底蕴的人文资源，营造乡里乡亲率真淳朴的情感氛围。二是确保安全。农家乐在经营发展中必须确保安全，主要为消防安全、食品安全、环境安全和治安安全等方面。三是保持环境整洁。在外部环境上注意保洁，要注意处理好垃圾和污水排放，保持良好的周边环境，使农家乐与秀美的乡村自然风貌相协调，与周边环境相协调。在农家乐内部要完善生活污水处理设施，推行餐饮、生活垃圾分类处理和控制厨房油烟污染等。四是提升素养。要提高农家乐经营者和从业人员的素质。通过举办培训班，转变观念、提升理念，拓宽思路、提高技能。五是提供多样体验。要逐步形成农家园林型、花果观赏型、避暑山庄型、花园客栈型、养殖科普型、农事体验型、民俗型等多种经营形态结合的农家乐。召开土菜展示交流赛、农家乐供应企业产品展示及对接洽谈会，发展高端的休闲农庄、乡村民宿、户外登山运动等休闲度假产品。

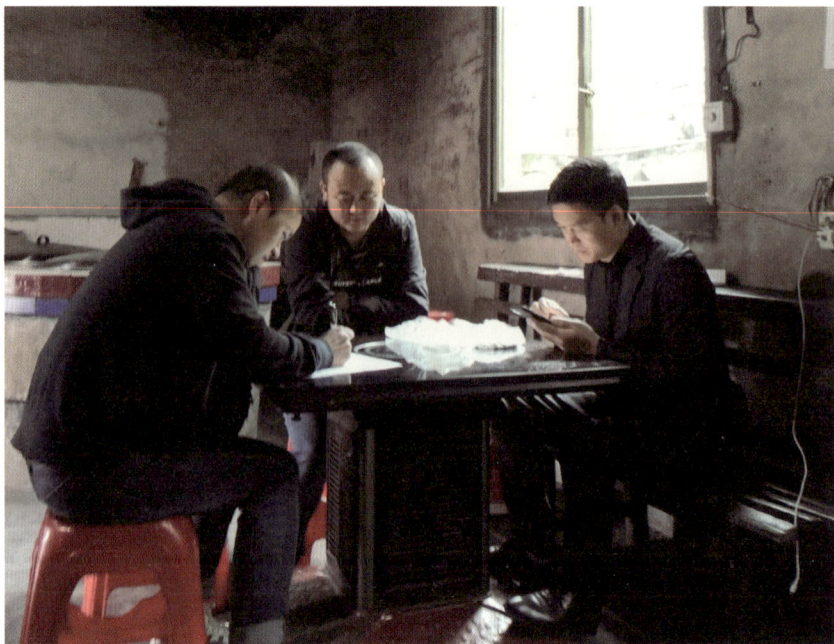

2018年10月18日，调研八组专访脱贫致富带头人贵妃鸡种鸡保护养殖一分场负责人喻国富。

（四）注重长寿文化挖掘，处理好特色发展与适度拓展的关系

要加强长寿村特色文化、尊老传统文化的挖掘和拓展。着眼于可持续发展，解决好当前旅游季节性突出带来的吸引力不足等问题。充分利用长寿村优质的气候资源及得天独厚的自然生态条件，打造一个空气好、水好的养生、避暑胜地。以天然氧吧、天然水源、特色景观、自然生态、人文古迹、乡村聚落、城乡建设等资源要素为开发基础，以生态文化、水文化、长寿文化、养生文化、地方特色民俗文化为内涵，以避暑养生和休闲度假旅游为核心理念，突出"中国寿乡、养生天堂"、"山水生态养生乐园"、"长寿文化中原板块度假避暑胜地"的高定位，量身打造长寿文化主题休闲度假旅游景区。

（五）营造和谐邻里氛围，处理好合作共赢与示范引领的关系

要解决好邻里间日益拉大的收入差距问题，引导和鼓励致富能人发挥带头帮扶模范作用。例如，在市场经济条件下，农家乐经营户作为一个经营单位，要能够包容同行，不能互相拆台，要互相促进，不能搞恶性竞争，要以正当的行为进行良性竞争，更要学会与方方面面的合作，在合作中发展壮大自己。要树立共同富裕的思想，主动加强与同行的合作，依托农家乐协会等组织，统一接待、统一结算、统一管理，联合起来闯市场、打品牌，解决一家一户解决不了的困难和问题，防止互相压价、恶性竞争等情况的出现。要加强与周边农户的合作，主动吸纳周边农民，让周边农民在农家乐就业致富。要与社区里的农户密切合作，建立起稳定的农产品产销协作关系。还要学会借力提升自己，加强与旅游企业的合作，依托饭店、旅行社拓展客源，结对共建，提升农家乐的特色和品位。

（六）加强干部能力提升，处理好高效管理与优质服务的关系

一是提高党员干部综合素质，拉近干群关系，维护和传承好当地的和谐关系，化解好农村向城市社区转型过程中的各种矛盾和不适应问题，做好居民的思想工作，耐心解答发展瓶颈和发展方向问题。二是增强干部创新意识，拓宽壮大集体经济的思维，促进地方可持续发展，提升基层干部的公信力和服务水平。三是增加干部的技能培训，提供更多外出考察和学习的机会，通过学习其他地方的先进经验，发展本地的经济。例如，长寿村的乡村旅游发展可借鉴云南、河北、台湾等地的经验和模式，引入第三方优质企业团队高端规划、重点打造。四是通过提高社区基层工作人员收入待遇，吸引和培育年轻的社区委

员会干部，让年轻的一代提供先进的发展思路和模式，保证社区在转型可持续发展中不走弯路、老路，以城市规划的前瞻性思维、长远发展视野，让美丽的长寿村声名远扬、经久不衰。

参考文献

1. 铜仁市万山区转型可持续发展大调研组：《万山区仁山街道挞扒洞社区调研简报》，2018。
2. 仁山街道挞扒洞社区：《挞扒洞社区基本情况汇报》，2018。

拔地而起的高楼大厦在灿烂的余晖下似一个个巍峨的巨人，彰显着万山的崛起，绘制着美好未来蓝图。

依山傍水村居齐，高楼大厦腾地起。乡村公路车辆跑，人民生活水平高。

带着对新生活的向往搬进新楼中，让都市生活进入每家每户。总有一天，你会放下对过往的稍许不舍和遗憾，带上爱开始新生活。

构建社区治理新模式
打造群众宜居新环境
——楚溪社区调研报告

  2018年10月22~23日，铜仁市万山区转型可持续发展大调研第八小组宋青、陈林赴仁山街道楚溪社区开展了为期两天的调研。调研以座谈会、专访、入户走访和实地考察等形式展开。万山区仁山街道农业服务中心主任罗勇、综合办副主任罗焕楠、楚溪社区第一书记吴远伍陪同调研。调研小组对楚溪社区所辖范围进行了实地考察，形成直观的地域认知后，围绕楚溪社区发展过程中的问题与建议召开干部、群众代表座谈会，深度专访楚溪社区第一书记吴远伍、社区干部喻再跃、致富带头人廖碧锦、致富带头人刘华，以及跨区县易地扶贫搬迁户吴佐贵、黄秀伦等6人；对该社区其他成员进行走访，包括社区居民廖碧望、覃碧成、汪本岗、唐帮富、喻心觉等5人；着重考察彩虹海、廖家坳等两个区域。楚溪社区作为仁山街道项目建设最为集中的区域，是易地扶贫搬迁的主要承接地，当地处于城市建设的前沿地带，居民生活较为富裕。楚溪社区应充分激发闲散资金活力，推动民营经济发展，带动区域就业，实现在"搬得出、住得下"之后的"可发展、能致富"。

一、基本概况和历史沿革

楚溪社区位于铜仁市西郊、仁山街道南部，是仁山的南大门。海拔高度为265米，地处楚溪大道沿线，距离仁山办事处1.5公里，是区行政中心驻地。社区面积7.7平方公里，共有8个居民小组，分别是楚溪组、大上林组、大院子组、廖家坳组、懂上组、罗家湾组、龙生组和桐木寨组。

廖、喻、汪、罗、田、陶、聂等姓氏为楚溪社区大姓，其中，居于廖家坳的廖氏家族历史较为悠久。据廖氏族谱记载："明初期，廖永忠奉旨领兵镇卫摄楚，保国安民勋劳浩大，旨封永忠公为德庆候。皇令廖永忠娶宝济候之女傅氏为妻，并封其为一品夫人。永忠先祖育四子，长子廖定荣（世袭官员镇守潼关有功世传于后）、次子廖定国（朝授赣州知府）、三子廖定祥（私塾先生）、四子廖定明（举子）。明正统三年（1438年），定国公奉旨领兵镇守贵州、云南、四川蛮匪，功成旨封其为正五品宣慰使司。定国公有四子，长子廖庆富居麻阳，次子廖庆贵徙青邑即今楚溪屯、普觉、穿石洞、老寨、岑巩一带，三子廖庆荣播迁铜江、麻阳，四子廖庆华由岩寨分居四川。四子子孙均融入当地民族。"

当前，楚溪社区共有居民1707户5213人，其中原居民782户2266人、外来户262户451人、河坪移民安置区102户494人、廖家移民安置区561户2002人，有外出务工者23人。年龄结构上，18岁以下1246人，60岁以上688人，90岁以上9人。扶贫脱贫方面，2017年有低保户37户67人，贫困户5户7人、五保户6户7人、危改户2户、重病人16人、残疾人60人。2017年全部实现脱贫，贫困发生率为0。社区居民已全部被纳入养老保险、城市医疗保险范畴①。

楚溪社区现有党员57名。第一书记吴远伍，由万山区供电局于2017年派驻到仁山街道楚溪社区；支部书记喻国新，已累计任职12年；社区主任廖碧富，已有10年任职经历；副主任喻再跃；委员两人，分别是覃仁平、唐秀发；妇女主任廖银萍；监督委员会主任喻加宽；监督委员会成员刘华、朱目丰②。

二、基础条件和优势特色

楚溪社区位于木杉河湿地公园沿河两岸，为居民提供了良好的居住环境和休闲娱乐场所。近年来，万山区发展日新月异，在此背景下，楚溪社区也发生了天翻地覆的变化，一系列改变面貌、惠及民生的项目持续推进。绿水相依，产业相伴，楚溪社区居民生活品质日益提升。

基础设施方面，社区自来水全覆盖；城市电网全覆盖，均享受南方电网同网同价政策；移动、电信、联通4G网络全覆盖；居民小组硬化水泥路全覆盖，连户硬化水泥路全覆盖；广电、电信、移动、联通有线电视全覆盖；居民安全住房全覆盖。

公共服务设施方面，辖区内有铜仁二十四小学（在建）、铜仁四小、仁山学校、黔东中学，还有万山红幼儿园及私人幼儿园2所、社区卫生院2所、文化活动场所3处③，目前暂无养老服务机构。全社区60岁以上老人都享受养老金。

---

① 资料来源：《楚溪社区调查表》，2018。
② 仁山街道办事处：《楚溪社区基层党组织情况介绍》，2018。
③ 资料来源：《楚溪社区调查表》，2018。

2018年10月25日，连玉明院长一行帮助从印江刚搬到旺家花园住宅区的易地扶贫搬迁户杨泽宣一家将行李搬入其12楼的安置房。

产业发展方面，楚溪社区作为休闲娱乐新地标，以第三产业为主，包括汽车服务、餐饮、娱乐等，个体户和公司企业共有300家左右。其中彩虹海项目规模较大，总占地约500亩，集旅游、休闲、购物、娱乐于一体，作为西南最大的休闲娱乐地标，为广大市民提供全方位的娱乐服务。项目全建成后，年接待游客将超过200万人次。

三、创新实践及发展模式

（一）突出党建引领，构建社区治理新模式

楚溪社区作为易地扶贫搬迁的主要承接地，在社区治理方面积累

了较为丰富的经验，探索出"党建+"社区管理新模式，整合实现了党建引领、多方共商、服务移民、共建家园的工作目标。

"党建+集体经济"。通过社区党支部整合集体资产，申报建设经费，兴办洗车场、家政服务公司等各类集体经济，满足移民多样化就业需求。集体经济所产生的利益用于就学补助、困难救助、公益服务活动。

"党建+物业管理"。党支部推荐搬迁群众中责任心强、素质好、服务意识高的群众到安置区物管担任保安、保洁员、技术工，协同做好小区服务。不仅解决就业需求，还能最大化实现居民自治。

"党建+便民服务中心"。从区民政、残联、工会、教育、卫计、人社、公安、仁山街道抽调业务能手进驻便民服务中心办公，并由党

2018年10月25日，连玉明院长与旺家花园便民服务中心工作人员何双燕交流了解其工作情况。

支部进行统一管理。各部门合力服务，确保政策宣传落实不走样，群众办事不用愁。

"党建 + 居民代表"。在每栋楼配备一名移民群众楼长的前提下，由本楼群众民主选举10名搬迁群众任群众代表，拓宽群众议事渠道，保障诉求合理反映、集体决策，培养壮大社区管理团队，实现民主共商共建共管。

"党建 + 群团组织"。在社区成立工会、妇联、老年协会、残联、青年之家，对移民群众进行分类管理，从中发现培养党员。兴办夜校、新时代市民讲习所，加强政治思想教育，维护妇女合法权益。

（二）关注民生焦点，打造群众宜居新环境

跨区县易地扶贫搬迁户在搬迁过程中存在较多的现实考量，如果迁入点在民生关注焦点方面不能给出较好的安排，易地扶贫搬迁工作很难推进。针对群众关心的问题，楚溪社区紧密围绕万山区"搬得出、稳得住、有保障、能致富"的要求，积极探索易地扶贫搬迁户工作机制，确保易地扶贫搬迁户安居乐业。教育方面，针对幼儿教育资源紧张问题，新建幼儿园，开通儿童入园绿色通道，对搬迁幼儿实行书费减免、教育兜底资助并举的助学政策，使搬迁群众子女能够享受优质教育资源。就业方面，在提供各个公益性岗位的同时，推进"送岗入户"工作，并在移民小区的门面房进行商业开发，聚集财气，优先满足搬迁群众使用门面进行自主创业的需求。免费制作门头广告，上门办理工商手续，树立自力更生典型。在购物方面，大力引进大中型超市入驻社区，方便广大搬迁群众日常生活需求。区总工会牵头深化政企合作，推动超市针对搬迁群众提供打折等特定优惠，优先满足搬迁群众就业需求，

让搬迁群众高标准享受城市生活的便利。便民服务方面，全力做好就医、就学、就业等后续服务管理工作。与思南、石阡、印江等三个搬迁户迁出地达成医疗直补协议，实行先看病后付费医疗服务。为搬迁群众提供高品质的市民休闲生活。

四、存在问题和工作难点

（一）居民可持续发展意识待提高

楚溪社区位于万山区城市规划区，社区的土地因城市发展已全部被征收。大部分居民拥有几十至几百万元的征地拆迁补偿款，并享受着安置地和过渡费，居民普遍较为富裕。该区居民原为农民，过着面朝黄土背朝天的生活，一年到头收入很低，过往的生活阅历较为局限，通过征地拆迁获得了巨额经济财富。社区干部廖碧锦表示："对于那些拆迁户，特别是我们这种农村来说，以前一年挣一万多元钱，都算是特别能吃苦的，稍微有点手艺的选择在外面务工，一年能挣两万多元钱。但通过拆迁，很多人一下子就有了几十万元甚至成百上千万元，如果没有拆迁，干农活一辈子也不可能够赚到这么多钱。"少数居民此时出现一些问题，乃至影响其家庭和谐。楚溪社区驻村干部吴远伍表示："一些人的拆迁款已经拿到手，就开始思想膨胀，家庭出现问题。贫穷的时候，一家人过得幸幸福福的，现在有钱了，一家人变得不和谐了。"部分居民在获得拆迁款项之后，因为快速挥霍，迅速返贫。

（二）社区闲散资金缺乏高效利用

面对巨额财富，对于想作为的居民而言，普遍缺乏现实的投资路

2018年10月25日，连玉明院长与刚搬入旺家花园住宅区安置房的杨泽宣交流。

径或可靠的投资思路。社区致富带头人引领、带动作用也不强。楚溪社区干部喻再跃表示："他们（致富带头人）被自己的工程耽误了较多精力，对这个（发展集体经济，带领大家致富）投入有限。"个体独自投资的局限加上群体抱团投资的困境，导致大量拆迁户的资金处于闲置或零散、低效、高风险利用状态，社区居民覃志成表示，"部分居民的钱用在放高利贷"。部分丧失了土地、获得土地补偿款、等待房屋拆迁的居民，不想利用资金主动作为，而是坐等拆迁款、无所事事。对于这种现象，驻村干部吴远伍表示，这部分人"大钱挣不到，小钱不想挣"，于是选择赋闲在家，持续消耗自己手中的积蓄。

（三）居民就业选择空间较为有限

楚溪社区在推动就业上做了大量工作，但就业形势仍旧严峻。由印江迁来的易地扶贫搬迁户吴佐贵表示："社区公益性岗位解决的还是少量人就业，这儿的收入也很低，一个月只有一两千，在搬过来后，大部分年轻人还是选择外出务工。"较为严峻的就业形势，主要是因为楚溪社区作为易地扶贫搬迁的主要承接地，人口数量相对较多而产业发展尚不充分。从数量上看，社区所辖范围内大型企业有限，中小型企业数量不足，所供给的就业机会较少。从结构上看，楚溪社区以"休闲娱乐新地标"为定位，主要发展第三产业，然而，除彩虹海项目外，缺乏其他三产项目作为支撑辅助，产业发展显得较为单薄。加之大多当地就业岗位要求、限制较多，而楚溪社区劳动力素质偏低，难以符合要求。易地扶贫搬迁户吴佐贵还说道·"目前是提供了一些就业岗位，但是要求高，我们这种只能做苦工的，以前在家里也是做苦工，现在搬过来也是在工地上做苦工。"

五、对策与建议

(一) 强化致富带头人示范带动作用

楚溪社区通过主动邀请上级单位进行系统培训、发展远程教育开展个性化学习、联合其他企业进行生产基地现场演练等方式，对致富带头人进行全方位提升，不断增强致富带头人的带富能力。在管理和激励上采取有效措施，着力拓展致富带头人就业创业空间，努力营造示范带动的良好环境，激发致富带头人干事热情。对于优秀的致富带头人，挂"致富带头人示范户"标识门牌，并在居民流动性高的区域，如木杉河湿地公园核心区域进行故事性宣传，增强致富带头人的责任心和荣誉感。对非党员致富带头人，利用培训班、形势任务报告会、党的知识竞赛、优秀党员事迹报告会等形式，提高他们对党的认识，使他们早日向党组织靠拢。

（二）加强社区集体经济发展的指引

加强对农村集体经济的组织指导和专项服务，在立项、办证、用地、税收等方面给予支持。对符合条件的社区集体经济发展项目，在充分考评的基础上，协调金融部门，对有关村集体增加授信额度、降低贷款利率、延长贷款期限，给予优惠和扶持。拓宽招商融资平台，创造护商安商环境，落实资源变股权、资金变股金、居民变股民"三变"举措，积极盘活资源资产，发挥最大效益。在规范化经营方面，对集体三资（资金、资产、资源）通过集中代理记账、规范财务报账、督促检查指导等措施，提升管理透明度，增强集体经济各主体之间的

2018年10月23日，楚溪社区干部、群众座谈会。

互信。对"三资"使用严格审批、定期公布，做到阳光透明。规范服务流程，将服务质量面向社会公布，居监委有力监督。注重建章立制，召开居民代表会讨论壮大集体经济的管理办法，将集体经济纳入规范化管理。注重持续发展，深谋细找，盘活资源，开发潜力，使集体经济不断壮大，真正惠及于民。

（三）系统提升社会闲散资金利用率

组织金融机构在社区开展活动，为居民讲解金融知识、阐释金融疑问，增强居民理财技巧，树立健康理财文化观念。加强传销防范培训，就传销的危害性和特点形式，以及传销的法律责任等方面进行讲解，提升居民对传销的识别、防范能力。对于具备一定条件、有意愿自主创业的人群，大力开展小微企业创业指导培训，通过提高企业创

2018年10月23日，调研八组专访致富带头人廖碧锦。

办者创业的心理、管理、经营等素质，增强其参与市场竞争和驾驭市场的应变能力，在解决其自身就业问题的同时，创造和增加社会就业岗位，帮助更多的人实现就业或再就业。

（四）多措并举提升居民的文明素养

围绕建设社会主义核心价值体系，以"道德大讲堂"、树典型等方式，强化居民素质教育与宣传，引导居民树立正确的世界观、人生观、价值观，培养居民良好的社会公德、职业道德、家庭美德和个人品德，及时纠正村民向市民转变过程中的错误思想、态度、行为。发挥电视、广播等传统媒体和微信、微博等新媒体作用，开展全方位、多形式、多角度宣传，努力扩大公共场所公益宣传面，大力弘扬正能量，让文明新风从"街头"吹进居民的"心头"。开展居民评选活动，塑造、宣传体现居民素质要求的典型人物，见贤思齐，择善而从，进一步促进社会文明程度和道德水平的提高。建立督促检查制度，对文明行为进行表彰奖励，对不文明行为公开曝光，加大处罚力度，以严格的制度约束促进居民素质的提高。

（五）加速产业发展以提供更多就业

围绕转型目标，在保护生态的前提下，加速产业发展。在有条件的地方大力发展现代加工业。充分利用当地丰富的农副产品资源，发展现代加工业，延长产业链。强化市、区级层面指引，扩大招商引资，加速产业落地，制定并细化分解产业发展任务，确保责任落实到位到人。有效发挥财政资金对产业发展的引导作用，重点支持带动性强、集聚效应明显的关键领域、新兴业态的服务业项目加快发展。开发具有特色的旅游项目，如原生态旅游、绿色旅游等，大力吸引省内外旅游者。抓好旅游产品开发，搞好旅游产品结构调整和不断优化更新，以市场为导向，突出本地特色，同时要抓住节庆旅游的机遇，深入发掘旅游文化内涵。发挥街道、社区层面主动性，为加速项目落地采取更多有效措施。同时，在引导就业方面，结合社区服务网点与辖区单位联系就业岗位，向待业人员提供就业机会。通过组织实用技术培训、举办招聘会等多种形式，引导和帮助失业人员再就业。

参考文献

1. 顾永红、向德平、胡振光：《"村改居"社区：治理困境、目标取向与对策》，《社会主义研究》2014年第3期。

2. 杨贵华：《集体资产改制背景下"村改居"社区股份合作组织研究》，《社会科学》2014年第8期。

3. 何建宁、贾涵：《"村改居"群体城市社会融入的影响因素研究》，《西部论坛》2015年第3期。

4. 铜仁市万山区转型可持续发展大调研组：《万山区仁山街道楚溪社区调研简报》，2018。

5. 楚溪社区居委会：《楚溪社区基本情况》，2018。

绿水青山似江南，金山银山终不换。琼楼玉宇享盛世，亭台楼阁
展新颜。

拔地而起的高新科技大楼，给居民带来了新的技术，创造了新的产业，促进了新的经济增长。

楼道边，公园旁，身穿校服的读书郎。走的水泥路，家住花园旁。

读书郎，读书郎，长大要为祖国立功劳。

加快城中村改造　强化精细化治理

——唐家寨社区调研报告

2018年10月20~21日，铜仁市万山区转型可持续发展大调研第八小组宋青、陈林赴仁山街道唐家寨社区开展了为期两天的调研。调研以座谈会、专访、入户走访和实地考察等形式展开。万山区仁山街道农业服务中心主任罗勇、综合办副主任罗焕楠、驻村干部罗肖陪同调研。调研小组对唐家寨社区所辖范围进行了实地考察，围绕唐家寨社区发展过程中的问题与建议召开干部、群众代表座谈会，深度专访社区支部书记唐仔岩、驻村干部罗肖、社区干部邓运华、致富带头人向国斌等4人；深入城中村，重点走访待业人员向飞，脱贫户向仲良，脱贫户邱桂莲，铜仁六中优秀教师代表杨志平、杨丽蓉，学生代表万杰、刘艳玲莲等7人；对该社区其他成员，包括居委会成员向金荣，社区居民向可勇、田峰、孙和贵、邱明益、邱开颜、向可鹏等8人，采取入户形式进行了解。着重考察仁山公园桂花苑小区、旺家花园居民安置点、邱家寨居民小组等三个区域。通过调研，获得调查表1份、调查问卷13份，调研小组对唐家寨社区的发展做出了初步研判。唐家寨社区作为城市"会客厅"，目前该区大部分区域仍处在城中村阶段，发展潜力尚未得到充分挖掘。

一、基本概况和历史沿革

唐家寨社区隶属于万山区仁山街道办事处，海拔360米，总面积11.3平方公里，森林覆盖率37.9%。明朝时期，唐氏家族、邱氏家族先后从江西迁入此地，按姓氏命名此地为唐家寨和邱家寨。加上后来迁入的邓氏家族，形成田坝组、岩山脚组、网形地组。清朝时期，加上沈家、周家、火焰垱三个小组，共8个小组组成唐家寨村。以"唐家寨"命名，主要是因为该区域最早的移民为唐姓。

唐家寨社区有户籍人口5452人，共1829户，由苗族、土家族、汉族三个民族组成。无易地扶贫搬迁户，流动人口1.8万人左右，分布于该社区的五个居民小组、三个居民小区，分别是唐家寨居民小组、邱家寨居民小组、田坝居民小组、岩山脚居民小组、网形地居民小组，仁山公园小区、金鳞半岛小区、振江名苑小区。该社区人口情况如下：18岁以下350人、60岁以上220人、90岁以上2人；常年外出务工者12人；低保户24户47人、五保户12户13人、重病户13户13人、残疾户54人、建档立卡户7户7人。建档立卡户中，5户5人是五保户；1户是孤儿，就读于万山区第六中学；还有1户重病患者。2016年贫困发生率为0.1%，经社会保障兜底及产业入股分红，已于2017年全部脱贫①。

基层党组织方面，社区拥有44名党员。社区支部书记唐仔岩，有13年干部任职经历，2017年当选为社区支部书记。驻村干部罗肖，是区残联2016年3月派驻唐家寨社区的干部。副书记向仲培，社区支部共有3人。社区主任张光荣、副主任邓运华。社区监督委员会3人，主任

---

① 资料来源：《唐家寨社区调查表》，2018。

唐长林。社区"三委"共有10人[1]。

二、基础条件和优势特色

唐家寨社区位于万山区核心区域，是万山区中心城市的"会客厅"，也是万山区"一走廊七组团"产业布局主战场，当前正处于城市化建设过程之中，居民的物质生活条件得到极大改善。

基础设施方面，社区交通便利，梵净山大道、金麟大道、市府路三大主干道及木杉河贯穿其中。社区各户都有充足自来水，全通电，3个居民小区天然气全覆盖，户与户之间道路全部硬化，轿车能开进每个居民小组和居民小区，已实现4G网全覆盖，绿化率50%以上。

公共服务设施方面，现拥有公办幼儿园1所（万山区第一幼儿园）、私立幼儿园2所（仁山启慧幼儿园、国际双语幼儿园）、公办小学1所（铜仁四小）、私立小学1所（仁山学校）、文化广场2个（音乐喷泉文化广场、产业园区文化广场）、体育场馆1个（铜仁市体育馆）、公园1个（木杉河湿地公园）、卫生所1个（唐家寨社区卫生所）、集市3个（岩山脚网形地安置区集市、学堂湾安置区集市、天坝安置区集市）。[2]

人居环境方面，脱贫攻坚期间，唐家寨社区先后投入18万元，大力实施以改厕、改灶、改水、改圈、改电，以及庭院硬化、房屋修缮为主要内容的"五改一化一维"工程，并通过卫生评比活动，充分调动群众参与环境整治和家居环境改善的积极性、主动性，切实提高了

---

① 资料来源：《仁山街道办事处，唐家寨社区基层党组织情况介绍》，2018。
② 资料来源：《唐家寨社区调查表》，2018。

2018年10月25日，连玉明院长与谢桥新区楼宇党委副书记吴成双交流。

社区颜值，改善了居民生活质量。

人文生活方面，唐家寨社区仍保留着部分传统文化。社区居民以唐、邱、邓、向为大姓，各姓氏居民都具有较强的宗族认同感，社区仍旧保留着部分宗祠文化，对于增强血缘联系、维系家族制度具有一定作用。同时，社区居民舞龙灯的习俗自清朝开始延续至今，每年春节，社区居民都会自发组织去舞龙灯，并保留着一定的茶灯文化。

三、创新实践及发展模式

（一）脱贫攻坚：从陌生帮扶者到群众知心人

脱贫攻坚工作的推进，极大提升了贫困群众的生活水平，同时，又锻炼了各层干部，使干部与群众的关系得到进一步深华。尤其是驻村干部，得到群众的高度认可。调研组在邱桂莲家中与其进行了深入交谈。邱桂莲是一位75岁无儿无女的孤寡老人，但是身体很健朗，负责小区的卫生，我们在她的厨房兼客厅对她进行了专访。言谈之间，得知她不爱看电视剧，喜欢看国际新闻。这是位关心国家大事的老人，当我们询问她关于干部的一些问题时，她表示，"现在的干部很好，太阳再大，只要哪家有事，他们就会去处理"。当我们问及她最大的愿望时，老人家的回答出乎我们的意料，她停了停然后说道："最好能够不要换我的帮扶干部。"朴素语言的背后，体现的是唐家寨社区干部持续努力，用智改善贫困，用心沟通交流。物质生活方面，唐家寨社区干部紧紧围绕"一达标、两不愁、三保障"开展工作。干部队伍定时走访到贫困户家中，及时了解贫困人员的生活近况，送上衣

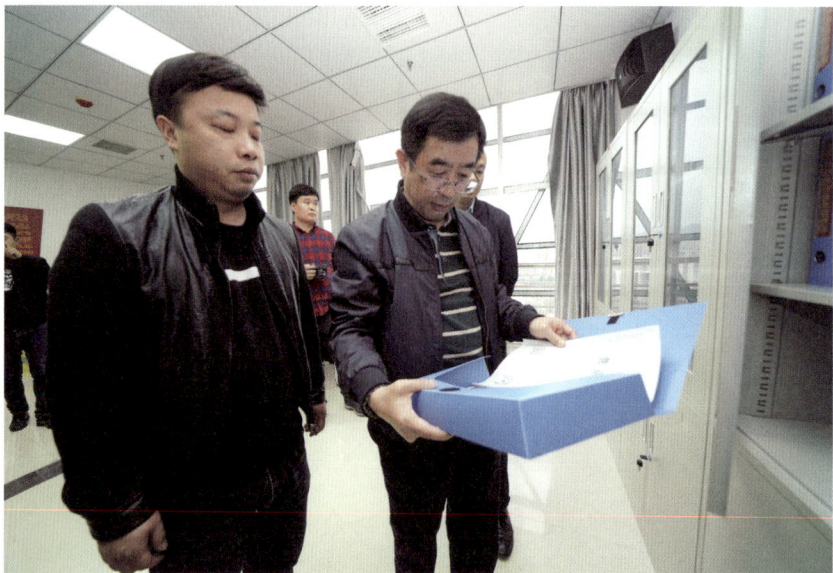

2018年10月25日，连玉明院长在谢桥新区楼宇党委副书记吴成双的陪同下，参观谢桥新区楼宇党委办公室，查阅党建资料。

服、鞋子、油、肉、牛奶等生活用品并集中发放生活补助金。为重点人群实施"四改一化"，推进社区基础设施建设。同时，入股挞扒洞社区集体经济和长寿村多彩种养殖合作社两个产业，使每名贫困户每年分得2505元。沟通交流方面，有效做到了多与群众沟通交流，成为他们的倾听者，了解他们的生活经历、生活琐事及兴趣爱好等，尊重他们，设身处地从他们的角度去看待问题，真心帮助他们，让他们感恩党、感恩政府。

（二）社区服务：从被动服务到主动服务

村改居的过程，于干部队伍而言是一次严峻的挑战。过往，干部习惯了村居时代的工作方式与工作节奏，更多的是处理各种小冲突、等着群众来反映问题，很少主动去发现、解决问题。随着万山区的整体发展以及村改居的进行，情况迅速发生了变化。居民间矛盾升级，利益冲突更加剧烈，在由农民向市民转变的过程中，产生着各种问题。唐家寨社区支部书记唐仔岩感慨道："以前与农民喝喝酒、事情很少的时代一去不复返。"面对新环境，唐家寨社区加强理论知识学习，强化干部工作能力。由于社区干部文化知识水平参差不齐，街道办事处除对社区干部进行培训和学习外，还要求"两委"人员必须熟悉了解相关政策，以便在工作开展上不出问题、不留尾巴。同时，通过院坝会、居民小组会、党员干部座谈会及走村串巷等多种形式，主动去发现、解决居民问题。

（三）环境卫生：从单方监督到群体共治

唐家寨社区以城中村为主，在过去，该区域环境卫生较差，生活垃圾和建筑垃圾较多，污水横流，社区卫生治理以监督为主。加之社区流动人口较多，往往是环卫工人打扫完之后不久又垃圾遍地。为改变社区面貌，唐家寨社区大力整治环境，清除垃圾，硬化排水沟。唐家寨社区对社区卫生进行整治和大力宣传，并建立长效机制，定责问效，要求社区居民及保洁人员每天对家庭及自己区域的卫生进行清扫及保洁，每周对责任区域进行检查，每半月对社区进行巡视及评比，对环境卫生做得好的给予奖励，挂牌最美卫生户，相反予以通报批评。社区"两委"以身作则，组织干部、党员、群众进行环境大清扫，极大地调动了社区居民的积极性。居民除能保持自家环境卫生外，在公共场所也能保持良好的卫生习惯。唐家寨社区还与社区门面签订"门前三包"责任书，从而使整个社区的坏境卫生有了巨大的改变。社区居民纷纷表示，"现在我们出门就是公园，社区卫生也做得好"。

四、存在问题和工作难点

(一) 整体发展速度与局部发展速度之间的不均衡

近年来，万山高速发展，城市化进程波澜壮阔、日新月异，一栋栋高楼拔地而起。相比之下，处于万山区中心位置的唐家寨社区，发展滞后，大部分区域仍处在城中村阶段。社区干部邓运华表示，希望能够抓紧设施棚户区改造项目，因为很多村民现在都等着棚户区改造，只有彻底地改变他们的棚户区环境，居住条件才能够提升，和城市的发展也会更加协调。临近的贵苑社区拥有观山雅居、金鳞尚城、名家汇等现代化小区及华联玛客、奥特莱斯、太平洋生活中心等大型购物广场。而唐家寨下辖的大部分区域目前皆处在城中村阶段，房屋老旧，布局错乱，车辆乱停乱放，下水管道常年堵塞，与邻居贵苑社区对比极其鲜明。唐家寨社区作为城市"会客厅"，在形象提升上仍旧有较长的路要走。

（二）居民对于拆迁补偿方式不理解

唐家寨社区除1200余亩土地（目前规划为森林公园区域）外的6000余亩土地已经征收完毕，当前的重点工作为城中村拆迁。之前以安置地补偿为主，现在倾向于货币补偿。补偿方式的更新，对于部分居民而言需要时间去理解其正确性与必要性。社区干部邓运华表示，"现在没有安置房，主要就在于（安置房）浪费土地，本来土地资源就是稀缺的"。此外，中国农民向来"不患寡而患不均"，唐家寨部分居

2018年10月25日，连玉明院长与铜仁市城乡规划勘测设计研究院有限公司高级客户经理李莲交流。

民由于拆迁较早能获得安置地补偿,其他居民则难以享受该政策,部分拆迁户短期内是较难理解的。社区居民向飞谈到,"田坝、邱家寨这些拆迁较早的地,都有安置地,轮到我们就没有了,拆了之后买房都困难"。居民对于新拆迁补偿方式的不理解,进一步加大了拆迁难度。

(三) 传统文化保留与现代文化引入之间的不协调

随着城市化的快速推进,大量传统文化逐渐失去了现实的物质依托,唐家寨也难以幸免。在城中村改造过程中,原有的家族精神纽带——宗祠被拆掉,替换为现代化高楼。农民在向市民转变的过程中,也逐渐遗忘掉自身的独特文化。以茶灯为例,已有逾1000年历史,是一种集灯、歌、舞、戏、锣鼓等多种艺术表现形式于一体的民间综合艺术。唐家寨社区过去还保留着一定的茶灯文化,社区支部书记唐仔

2018年10月20日,调研八组走访脱贫户向仲良。

岩在专访中说道："城市改造前我们没有多少娱乐活动，主要是玩龙灯、茶灯，茶灯也是一种灯具，相当于锣戏那种。没有锣鼓那么神秘，这个茶灯娱乐性比较强，以前这些都非常盛行。"而近年来，尤其是迈入城市发展快车道之后，现代城市文化冲击着居民的生活方式，加之保护力度较弱，致使茶灯这一靠口耳相传的原生态群众艺术出现消退现象。驻村干部罗肖也表示，"茶灯玩了很多年，最近几年都不玩了"。

五、对策与建议

（一）强化政策宣传力度，获取群众政策支持

唐家寨社区存在大量的城中村待改造，过往的安置地补偿方式已经不适应于城市发展，须坚定落实新的安置措施和方式，引领城市新发展。要加强工作人员的业务培训，经常性地组织学习活动，打造一支业务熟、能力强、敢担当的干部队伍，这样一旦群众遇到疑问，工作人员能够及时、正确地进行解答，消除群众顾虑。通过电视、微信、报刊、宣传栏等媒介，加大拆迁补偿政策的宣传力度。加大正能量信息的宣传，以故事性内容增强拆迁居民对于拆迁后入住现代化小区的向往，形成较为浓郁的城中村改造氛围。通过基层干部走访交流，宣贯拆迁补偿政策，使拆迁居民全面认识现行拆迁补偿方式对于城市发展、居民生活的益处，争取群众最广泛的理解、认可、支持，实现居民从"要我拆"变成"我要拆"的根本转变。

（二）加快城中村改造，推动区域协调发展

充分把握国家加快棚户区改造的历史性政策机遇，借助政策支持、

项目融资、资金补助、税费减免等方面的优惠政策，采取政府主导的方式，加快推进唐家寨社区城中村改造，提升其发展速度，使之与周边社区的发展相协调。在审批层面，为城中村改造项目创建审批"绿色通道"，加快审批程序，明确工作时限，促进项目的批准与实施。在组织层面，建立高规格统一协调机构，抽调精兵强将，以目标倒逼责任，以时间倒逼进度，加快推进项目建设。在资金层面，要谋划一批有明显优势的改造项目，扩大资金来源。同时，在拆迁的各个阶段，及时公开相关信息，如征地面积、补偿方案、价格评估、产权确认、签约腾空、安置房选房等信息，都要通过各种渠道，及时公示公开，接受群众监督。要做到所有拆迁补偿协议都公开，可以随时让其他拆迁户查阅。要做到一碗水端平，绝对不能让按时签约的老实人吃亏，更不能让漫天要价的钉子户得益。

（三）完善社区治理体系，丰富社区服务功能

唐家寨社区以居住功能为主，鉴于此，更应加快推进楼长制度、居委会组织等方面的建设完善，强化基层自治管理。推进涉及民生的相关政务服务进入社区，实行一站式为民服务，及时办理解决相关问题，解决居民办事难、程序多的问题。积极培育社会组织、机构，强化志愿者队伍建设，开展"时间银行"试点，探索建立符合本社区的居民互助体系。通过培训，提高社区干部的综合素质，提升服务水平，提供优质的社区服务，通过年度工作绩效考核，提高社区干部经济待遇。采取政府投入、项目支撑、街道补助、辖区单位和包挂单位帮扶、社区自我发展的办法，促进社区基础设施整体改善。以居民兴趣为主导，成立小区书法、棋牌、广场舞专门队伍，于节假日组织开展社区

文化活动，提升居民精神生活品质。

（四）挖掘社区历史文化，提升社区文化品质

　　加大对社区非物质文化遗产的保护力度，搭建社区非物质文化遗产保护和传承的平台，结合社区的群众文化活动开展非物质文化遗产的活态传承，增强社区居民对非物质文化遗产的保护意识。充分挖掘唐氏、邱氏、邓氏、向氏等唐家寨社区大姓的历史渊源与文化，鼓励开展氏族祠堂的重建工作，为唐家寨社区旅游业发展保留文化根基。有效利用社区资源，建成优秀传统文化长廊，如将社区墙体建成"茶灯文化历史""龙灯文化历史"等文化墙，以视觉上的冲击力，引导人们恢复对传统历史文化的记忆、加深对传统历史文化的热爱之情。组建小区茶灯、龙灯队伍，配备专门的活动练习室，邀请专业教师进行

2018年10月21日，调研八组深入铜仁六中走访学生代表万杰、刘艳玲。

培训，并定期开展茶灯、龙灯竞赛，将茶灯、龙灯融入区域旅游产业发展之中。

参考文献

1. 邓京闻、谭虎：《论集体土地上安置房安置模式的利弊及对策分析——以湘潭市荷塘安置区为例》，《智慧城市与城镇化》2017年第8期。

2. 刘丽萍：《浅谈拆迁中的非物质文化遗产保护问题》，《群文天地》2011年第4期。

3. 铜仁市万山区转型可持续发展大调研组：《万山区仁山街道唐家寨社区调研简报》，2018。

4. 唐家寨社区居委会：《唐家寨社区基本情况》，2018。

第十篇

谢桥街道

豆角架下艳阳高，光合作用更显强。农田里，一道道排列整齐的绿衣卫士正昂首向阳。

金黄色的沃土，穿迷彩的农人，耕耘的艰辛，收获的欢笑；农民的喜怒哀乐，叶的春夏秋冬，我的缕缕乡愁。

五彩斑斓的花，不分四季，竞相盛开在道路边、篱笆旁，为这宁静的乡村，增添一抹明艳的色彩。

齐心协力助发展 农旅融合振乡村

——石竹社区调研报告

　　2018年10月20~21日，铜仁市万山区转型可持续发展大调研第五小组两进石竹社区，听介绍、进基地、访能人、看农户，调查脱贫攻坚成效，探究乡村转型发展困境，研讨乡村转型发展对策。调研组在石竹社区居委会与社区"三委"班子、居民代表、脱贫代表和致富带头人等进行了座谈，双方围绕社区基本情况、发展变化、脱贫攻坚、乡村治理、产业转型、农旅融合等方面进行交流研讨。驻村干部兼工作队队长田鹏、社区支部书记刘永奇、副书记詹配清、副主任田如亮以及社区"三委"其他成员参会并发言。

　　调研期间，调研小组先后考察了石竹社区精品水果种植基地、猕猴桃种植基地、蔬菜种植基地、石竹生态养生谷、铜仁市万山区金泽农业种植农民专业合作社，重点访谈了社区副主任田如亮、社区医生张琴和脱贫代表詹长江，入户走访了脱贫代表杨通顺、张国发、唐兴友，以及一般户孙仙、詹配操、田茂彬等10位居民，收集整理了《石竹社区基本情况》《石竹社区各类人员名单》《石竹社区搬迁户就业情况统计表》《石竹社区分红发放清册》《石竹社区脱贫攻坚工作开展情况汇报》等资料。通过两天的实地调研，调研组对石竹社区的转型发展有了深刻认识，并对发展中存在的规划、资金、人才等方面的问题有了全面了解，在此基础上，调研组提出了石竹社区下一步发展的几点建议。

一、基本概况和历史沿革

（一）基本信息

石竹社区位于谢桥街道东南部，距离谢桥新区5公里，东与碧江区六龙山乡毗邻，南与牙溪村交界，西靠谢桥社区，北接碧江区寨桂社区。海拔650米，年平均气温15.8℃左右，年降水量800毫米左右，全年无霜期250~280天。辖区面积18.26平方公里，耕地面积2600亩，下辖17个居民小组（王家园组、保家楼组、桃家湾组、军地上组、高车组、矮车组、杨家坝组、坎溪冲组、黄豆田组、团懂组、街上组、何家塘小院子组、何家塘大院子组、黄泥董组、坪和屯组、车田组、枣子坪组）。总人口889户2439人，以汉族、侗族、苗族、土家族为主，有杨姓、詹姓、周姓、张姓等主要姓氏，外出务工人数约占总人口的25%，有60岁以上老人234人、90岁以上老人3人、"三无"老人9人①。

（二）脱贫攻坚

石竹社区属非贫困村，2017年贫困发生率为0.369%。现有建档立卡贫困户99户275人，2017年脱贫38户85人，新增2户6人，返贫1户2人，

---

① "三无"老人：无劳动能力、无子女、无收入来源。

2018年10月26日，连玉明院长考察石竹社区蔬菜种植基地黄瓜种植情况。

2018年回退1户1人，目前社区尚有未脱贫户4户9人。建档立卡贫困户中76户有劳动力，23户无劳动力。2018年，社区共有低保户41户60人、五保户8户9人、危房改造户158户（其中建档立卡危改户37户）、重病户1户、残疾户55户、易地扶贫搬迁户6户15人（城南驿社区1户、观山雅居2户、廖家安置地1户、义乌城2户）、医疗兜底户27户（兜底金额317292.98）、教育兜底户24户（兜底金额38300元）。

（三）基层组织

基层组织是党组织的"神经末梢"，是服务群众的最前沿，是乡村发展的根本保证。石竹社区社区"三委"组织齐全，其中社区党支部班子成员2人、居民委员会6人、居务监督委员会3人，共有党员73名、预备党员2名和入党积极分子8名。

联系社区领导杨爱虹是谢桥街道办事处纪检书记，以实战实践助推脱贫产业，用心用情助力脱贫攻坚。驻村干部田鹏系铜仁八中教师，人称"踏板车"。2017年3月，他"弃教从农"进驻石竹，"踏板绕遍石竹村，驻村点燃希望灯"。常驻社区的扶贫工作队队员杨华，2013年深入石竹，久久为功、踏石留痕，以"脱贫攻坚一日不除，我就一日不走"的决心打好四场硬仗①。退伍军人刘永奇，2014年11月当选社区书记，其敢想、敢干、敢拼的军人风范在工作中体现得淋漓尽致，是一位以赤子之心带领群众脱贫致富的"弄潮儿"。他们都是社区"最能干"的人，2011年12月当选社区主任的杨胜铭、2017年5月成为社区监委主任的杨建国等，皆是如此。

（四）历史沿革

古时人们都喜欢称自己家为"庄"或"园"，据社区的老人介绍，石竹乡原名"竹园庄"，后改为竹园乡，又因此地多石竹花，故于民国20年（1931年）改称石竹乡，而石竹村就是乡政府所在地。1956年，石竹村改名成立石竹高级社，隶属于石竹乡。1959年，撤销石竹高级社，建立石竹生产大队，隶属于谢桥人民公社石竹管理区。1984年机构改革，撤销石竹生产大队，设立石竹村。1996年，正式确定为石竹行政村。2007年，铜仁市开展撤并村工作，谢桥街道办事处建立了石竹村。2016年，石竹撤村设社区。

---

① 四场硬仗：基础设施建设硬仗、易地搬迁扶贫硬仗、产业扶贫硬仗、教育医疗住房"三保障"硬仗。

二、基础条件和特色优势

（一）基础设施

近年来，石竹社区充分利用地域优势，借助脱贫攻坚政策红利，不断推动社区基础设施提档升级。目前，社区已全面建成通村路、通组路、通户路，硬化率达100%，安装太阳能路灯60余盏。随着玉铜松快速干道、莲花大道两条过境大道建成，石竹将初具交通枢纽大格局，从此告别"晴天一身灰，雨天一身泥"。围绕"一达标、两不愁、三保障"，石竹社区贯彻落实"五改一化一维"、农电网改造、广电云"户户通"工程，实现4G信号、网络电视全覆盖，"竹竿加天线""大锅盖"的时代一去不复还。社区共建安全水源点6处，定期开展水质专项检测，实现社区饮用自来水全覆盖，"挑水喝、没水喝"已成为过去式。此外，石竹社区用好用活国家政策，修缮石竹河两岸防洪堤坝，筑堤灌水，保障了居民农业生产用水，实现了群众春耕致富梦。总的来说，石竹社区已初步形成了基础设施建设全面开花的新局面。

（二）公共服务

公共服务设施和服务是乡村发展和文明程度提高的重要支撑。石竹社区公共服务设施逐步完善，公共服务水平逐渐提高。现有公办小学一所（含幼儿园），位于街上组，覆盖牙溪村、瓦屋坪村和石竹社区。石竹小学于解放前成立，2005年改制为寄宿制学校，建有学生食堂、宿舍、实验室、图书室、电教室和保安室，配备了"班班通"和监控等设施。学校有教师21人、职工8人，其中小学教师19人、幼儿园保育员2人、食堂工人6人、保安2人。①

石竹社区建有专门卫生室一个，常年对外开放，为社区居民提供了基础性全方位的健康管理服务，定期开展老年人、妇女和儿童体检，以及其他常规性疾病治疗，并与65岁以上老年人签约提供家庭医生服务。社区全面落实农村医疗保险，参保率达100%，解决了群众看病难、看病贵、看病烦的顽疾。

社区居委会设置了新时代农民讲习所和基层党建活动室，不断丰富居民的业余生活和精神生活。设有农村淘宝服务点、贵阳银行"农村金融服务站"、贵州农经网"大数据村域经济服务社"各1个，为社区产业发展奠定了坚实基础。原建有文化活动广场1个，但因玉铜松快速干道施工占用，目前已在重新规划中。

（三）产业发展

围绕"旅游兴业、农业增效、农民增收"工作思路，石竹社区产业发展初显成效，逐步形成了社区的支柱产业，解决了300多人的就业问题。目前，社区集体经济主要有精品水果基地、蔬菜种植基地、猕猴桃基地以及在建的生态养生谷，产业分红已实现99户贫困户全覆盖，每户共计分红2300元，并派发了司法机关公证认可的股权证书。2017年，社区集体收入达到30万元，发展微型家庭小产业20余家。同时，石竹社区还利用自己独有的自然优势，大力发展鸡、羊养殖业，种植万山香柚、黄桃等。

---

① 资料来源：铜仁市万山区转型可持续发展大调研组编《2018年11月7日与邓少华的电话访谈速记稿》，2018。

(四) 村寨文化

文化是一个民族的灵魂,石竹文化源远流长,古时就有对山歌、打琴干儿之说。得益于不同民族的文化交流,石竹仍传承着以前的赶集活动,每月逢3和8为赶集日,热闹非凡。目前,社区仍保存有原石竹乡公社遗址、石竹乡邮电所遗址、石竹乡乡政府遗址、石竹乡赶集菜市场遗址,不仅让居民望得见山、看得见水,还能记得住的乡愁。

(五) 乡村治理

乡村振兴重在治理有效,石竹社区以社区基层党组织建设为主线,不断完善队伍建设,建立健全社区工作制度,形成了以党组织为核心的社区"三委"组织体系。社区以美丽宜居村庄为导向,以垃圾处理和居容居貌为主攻方向,全面实施"五改一化一维"889户,改造危房158户。全社区房屋以米黄色、浅咖色为主,建筑风格独具特色。社区还建立了街道办事处副主任担任组长的环境保护机构领导小组,组建了一批护林员和保洁员,定点投放垃圾桶,合理布局垃圾池,定期清运垃圾堆,确保环境卫生管理落实到户、到人,实现了垃圾不留存,废物必出村的目标,人居环境得到极大改善。

三、创新实践和发展模式

近年来,石竹社区抢抓机遇,充分利用脱贫攻坚政策红利,着力提升集体经济,深入探索社区转型发展路径,全面激发乡村振兴的内生动力,逐步形成了石竹发展新模式,为乡村振兴打下了坚实基础。

（一）转变观念发展现代农业

传统农业存在生产水平低、剩余少、积累慢和产量受自然环境条件影响大等问题，必然导致其产生的经济效益跟不上农民日益增长的物质文化需求。发展现代高效农业已是大势所趋，而转变经营方式和观念却是关键所在。

石竹社区大部分居民已深刻地认识到传统农业的局限性，已改变其固有的"小农经济"思维，逐步舍弃种植玉米、红薯等低经济价值的农作物，改种食用菌、黄土地瓜、无籽黑提、万山香柚、红心蜜柚等高效农业产品；已由自给自足的小型家庭养殖转向技术型规模化养殖，不断涌现生猪、林下鸡、羊等养殖大户。通过流转，土地再次回归集体，实现了从分散经营到集体经营的转变。目前，石竹社区已种植精品水果（红心火龙果）16.85亩、万山香柚100亩、黄桃30亩、猕

2018年10月20日，调研五组实地考察石竹社区火龙果基地。

猴桃10亩、大棚蔬菜60亩，实现了从年终无剩余到腰包鼓起来，从荒山到"水果山""金山银山"，从家庭联产承包责任制到"合作社 + 农户"，从个体经济到集体经济的转变，生产规模、生产价值、农民收益都显著提高。老百姓都高兴地说："现在活干得少了，钱却挣得多了，以前一年下来最多1000元的剩余，甚至无剩余，现在随随便便都不止这点了。"①

(二) 能人回归带动产业发展

能人是推动农村集体经济发展的主要力量。当前，以合作经营为基本路径，以专业合作社为联系纽带、以新型能人为主要抓手已成为集体经济的新实现形式。调研发现，能人的回归是石竹社区发展的重要契机，究其原因，除了脱贫攻坚带来政策优势等良好的外部投资环境，最大的动力还是富而思源的故乡情、使命感与责任感。他们有阅历、有想法、有资源，想干事、肯干事、能干事，是社区发展的重要推动者、引领者和创新者。

社区书记刘永奇就是石竹最大的能人。他1994年参军，2012年回乡创业，成为铜仁市最大的副食品代理商，2014年11月开始担任石竹社区党支部书记。"新官上任三把火"，刘书记的三把火越烧越旺、越烧越久。一是整脏治乱定新家，着力改善社区环境。二是带领社区"三委"不断探索"五强五有"②脱贫攻坚模式，突出"六步工作法"，坚决

---

① 资料来源：《田如亮主任访谈速记》。

② 五强五有：强化上下联动抓重点，实现精准脱贫有统筹；强化项目拉动补短板，实现基础设施有突破；强化产业带动调结构，实现脱贫致富有支撑；强化创新驱动强弱项，实现乡村振兴有特色；强化帮扶促动增活力，实现自我发展有底气。

打赢脱贫攻坚硬仗。三是力争产业发展，带领百姓奔小康。为此，刘书记自掏腰包，带领居民赴湖南学习种养殖技术，借助国家政策东风，发展高效农业种植基地、生态养生谷等村集体经济。

2016年，经营着工艺品加工作坊和水果批发店的田如亮，出于"想在家乡做自己的事，改变社区贫穷面貌"这一简单想法，在刘永奇书记的号召下回到了石竹社区。田主任立足于自己成立的铜仁市万山区金泽农业种植农民专业合作社，组织58位居民赴外地学习种植技术，无偿为百姓提供育苗、化肥、大棚安装和技术支持，带领百姓种植万山香柚、黄桃等，并鼓励百姓以多种方式参与社区集体产业发展。采用"贫困户＋养殖""企业＋合作社＋贫困户"模式，打造了一条"小产业、大脱贫"的脱贫攻坚产业路，带动居民脱贫致富。

（三）农旅融合助推乡村振兴

生态养生谷是石竹社区继精品水果产业之后又一新的"产业革命"。按照农村区域均衡发展定位，社区"三委"带头注资，围绕"民心党建＋'三社'融合促'三变'＋春晖社"模式打造了一条集旅游、悠闲、娱乐于一体的农业旅游观光带。建成了贵州省第一条由村级层面自筹打造的全透明玻璃吊桥、铜仁市最大的野外烤全羊基地、万山区最大的精品火龙果种植基地、大棚蔬菜基地、极具农村特色的"水果音乐吧"、七星居、七星一角等旅游亮点。游客不仅可以体验农活、吃农家饭，还可以观光采摘、休闲娱乐。"当初这里是石竹河冲出的一片荒滩，送给谁都不要，如今却'变废为宝'，实现了金山银山的华丽蜕变，成为人人向往的好地方"，当地居民都纷纷认为。

生态养生谷的建设填补了石竹社区旅游业的空白，不仅壮大了社区集体经济，还为当地老百姓鼓足钱袋子做了贡献。高车组何大爷幸福地说[1]："我不敢想象，我60多岁了，在外打工，工地老板担心我的安全不要我，没想到在家门口还能就业，一天有150元的收入，一个月下来零零散散都可以拿到3000多元，还可以照看孙子，实在太幸福了。"

四、突出问题及原因分析

目前，石竹社区立足自身特有的自然风光、农业资源和发展定位，致力构建农旅融合发展格局，并取得了一定的成绩，但仍存在一些现实问题，制约了农旅一体化进程。

(一) 农旅一体化发展规划建设水平亟待提升

科学精准的顶层规划是指导农旅一体化发展的基础和前提。但从石竹农旅一体化发展的现状来看，目前还存在三大突出问题有待改善。

一是农旅一体化发展缺乏整体规划。据了解，石竹生态养生谷一期项目正在建设，二期项目仍在规划，三期项目暂无规划，整个项目建设周期没有统一的部署规划，统筹协调生态养生谷项目建设与社区的长远发展仍是一大难题。

二是原有规划设计不够科学。调研发现，生态养生谷内游泳池已修建完工，但因与整体风格不协调，现已闲置，后续准备拆除；七星居景点面临同样的情况，因为装修风格不搭，面临刚建好又要重建的

---

① 资料来源：《石竹社区以产业促发展·用"产带"助脱贫简报》，2018。

2018年10月20日，调研五组实地考察石竹生态养生谷项目。

困境。整个项目未能按照"一张蓝图绘到底"的要求建设，导致项目推进慢、资金压力大。

三是农旅一体化基础薄弱。石竹社区存在基础条件和公共服务设施较差的共性。例如，由于道路管护资金不足、项目建设弃土场碾压，进村路、通组路遭受不同程度破坏，甚至个别路段影响通行。另外，旅游公厕、停车场等相关服务设施不配套，生态养生谷周边的卫生环境有待改善等，影响了农旅一体化发展。

（二）多元化投融资体系尚未形成

农旅一体化是石竹主要发展方向，但是旅游业前期投入大，回收周期长。现阶段，石竹社区农旅一体化发展的项目建设经费主要来自社区"三委"自筹、贷款和政府补贴，缺乏专业化、成熟的农旅公司等社会力量参与开发，尚未形成多元化的投资融资体系，资金来源渠道较窄。调研组与社区领导交流时了解到，生态养生谷一期项目已投入3000万元，二期、三期还需继续投入7000万，资金缺口较大，而社区发展资金合力尚未形成，投入后劲不足，导致整个项目建设推进缓慢，拖慢了社区农旅一体化发展步伐。

（三）人才支撑瓶颈问题亟须突破

石竹社区农旅研究和开发均处于起步阶段，乡村旅游的经营管理人员相对较少，目前大多数工作由社区干部或当地居民负责。对于石竹社区来说，人才支撑瓶颈问题亟须突破是其农旅一体化发展的制约。一是社区基层组织虽然健全，但是力量相对薄弱。二是领头羊带动作用明显，但是老龄化相对严重，人才队伍层次亟待提高。三是尚未成立乡贤会，后备人才储备不足。四是农旅发展专业人才支撑不足，较大程度上限制了农旅一体化的发展速度。

五、对策与建议

农旅一体化是乡村旅游和休闲农业发展的新模式，是实现产业融合的新手段，也是实现乡村振兴的重要途径。石竹社区可借鉴其他地区农旅一体化发展的成熟经验，结合自身特殊情况，重点明确生态养生谷产权和所有权划分，着力打造政府主导、社会运营和居民参与的合作共赢模式，合理处理三者之间关系，真正实现各得其所、各司其职、各尽其事。

（一）以政府为主导，做好规划引领

建议区政府着重把规划作为推进农旅一体化的主要抓手，做好基础设施和人才队伍建设，健全产业融合发展的管理体系和管理制度。

一是制定更合理的农旅一体化发展总体规划。从区级层面出发，制定社区总体发展规划、生态养生谷运营规划和农业观光园区规划，以规划引领发展。明确项目建设的目标、重点和权益划分，做到景观布局合理、山水相宜，使游客在体验休闲娱乐之余，还能乐赏诗画山水之景，确保生态养生谷按照"一张蓝图"可持续地融合发展下去。

二是完善基础设施建设。一要继续坚持财政优先保障，加大农旅融合的财政转移支付力度。通过整合涉农项目资金和新一轮扶贫资金，加大基础设施建设投入力度，提升旅游道路、旅游接待、旅游服务建设水平。二要按照农旅一体化发展的要求，统筹推进石竹社区基础设施建设，修缮通村路，拓宽通组路，提高道路承载力，逐步完善社区交通路网。三要着眼于细节继续改善居容居貌，完善停车场、公共厕所、游客中心、标识系统、通信网络、电子商务推介平台等旅游配套设施。同时要加强生态环境保护，守住乡村旅游之根，为农旅融合发展创造良好条件。

三是加强人才队伍建设。人才是农旅一体化发展的保障，是农旅资源开发利用的践行者和推动者。一要建立农旅综合型人才培养机制，重点培养旅游管理人才、农业技术人才、服务型人才，提高服务业从业人员的综合素质，不断满足各类旅游人群多层次多样化的服务需求。二要继续发挥春晖社聚才引智的作用，在此基础上组建乡贤会，整合本社区内外优秀人才，为农旅发展提供人才保障。

2018年10月20日，调研五组与石竹社区"三委"班子成员座谈。

（二）以市场为导向，做好社会运营

农旅一体化发展，资源是前提，更重要的是要面向市场。从农旅资源的实际出发，以市场化、社会化为导向，引入企业参与，做好社会运营。

一是突出龙头带动，强化企业运作。石竹社区应优化营商环境，加大乡村旅游项目对外招商力度，引入有实力、有理念、有影响力的企业来投资运营石竹养生谷和农业观光园区。重点考虑成本、市场、管理体系和利益分配机制，发挥企业的规模效应、品牌效应和带动效应，促进农产品变旅游产品，提升整个农旅产业的管理服务水平和农旅产品的附加值，打造以现代农业为中心，集休闲娱乐、农业观光、生活体验、农产品展销于一体的综合性园区，形成较为完整的农业旅游产业链。

二是扩大投融资渠道，建立多元的投融资体系。一要建立投融资平台，扩大直接融资比例，以乡贤会为支撑，以门票质押、景区开发经营权抵押等方式，撬动社会资本，重点吸纳企业资金注入。二要深化"三社"[①]融合促"三变"[②]改革，以信用社为支撑，吸引其他银行信贷、产业基金或者其他信托类投融资机构的资金注入，形成多元化、可持续的资金体系，缓解资金压力。

（三）以培养内生动力为目标，带动居民参与

农旅一体化发展的最终目的是壮大社区集体经济，培植社区自我"造血"功能，培养居民增收内生动力，为实现乡村振兴奠定基础。一要扶持居民成立专业合作社，大力发展特色高效种养殖产业，借助乡村旅游发展契机，打造农产品销售新模式。二要完善利益联结，鼓励居民以"精扶贷"、土地资源、废弃房屋等多种方式入股项目，扩大群众参与度，实现"居民变股民、资金变股金、资源变资产"，以"保底收益＋按股分红"带动居民增收致富。三要引导居民开办农家乐，组织居民进行服务技能和种养殖技术培训，带动居民就地就近就业，开创户户有产业，人人有增收的新局面。

---

① 三社：信用社、供销社、农民专业合作社。
② 三变：资源变资产、资金变股金、农民变股东。

参考文献

1. 谢桥街道办事处石竹社区:《铜仁市万山区谢桥街道办事处石竹社区工作开展情况汇报材料》,2018。

2. 中共铜仁市委组织部、中共铜仁市委党史研究室、铜仁市民政局编《铜仁市村级组织史资料1949.11~2007.11》;铜仁地区通志编纂委员会:《铜仁地区通志》,方志出版社,2015。

3. 黄振华:《能人带动:集体经济有效实现形式的重要条件》,《中国乡村发现》2015年5月27日。

青山脚下现家乡，雨后清风气更爽，站在田间的路上，放眼这一片绿色，聆听大自然的声音。

百年多子树，耸立祠堂边，枝繁叶茂下，红丝寄卿愿，匆匆岁月过，盼天遂人愿。

碧绿的小溪，哺育着牙溪村的生命。高耸的竹林，记载着牙溪村的岁月。葱绿的蔬菜，蕴藏着牙溪村的味道。

加强民族文化旅游资源的
保护传承与开发利用

——牙溪村调研报告

2018年10月17~19日，铜仁市万山区转型可持续发展大调研第五小组成员姜思宇和陈名彬赴谢桥街道牙溪村开展实地调研。调研小组与村"三委"、第一书记、驻村工作队队长召开了牙溪民族村寨发展情况座谈会，先后实地考察了牙溪组大棚蔬菜种植基地、文化广场、民宿木屋、牙溪屯张氏宗祠、贵州武陵山天然泉水有限公司、铜仁新联爆破工程有限公司。重点访谈了党支部书记张兴科、村委会主任张茂水、原第一书记杨军、幼儿园老师肖新春、老党员田应德、致富带头人刘菊珍等多人。入户走访了已脱贫的建档立卡贫困户张世简、张兴用、张双方、何国初、张小琴及一般户李承富、何有发、张兴良、何昌强等十余位村民，并针对建档立卡贫困户和一般户填写了10份问卷调查表。收集到《牙溪村脱贫攻坚工作情况汇报》《牙溪村2018~2020年精准扶贫产业发展实施计划》《万山区谢桥街道办事处牙溪村驻村工作组驻村帮扶工作计划》《牙溪村大棚蔬菜专题报道》等资料。经过三天的深入调研，调研组对牙溪村基本情况、脱贫攻坚、产业发展等有了较深刻的了解与认识。

通过调研，调研组认为，牙溪村作为谢桥街道农村发展的核心，推进农业现代化和创新农旅一体化生态发展模式，应深入挖掘、保护和利用本地文化旅游资源，促进民族文化与生态旅游融合，实现与谢桥街道城乡统筹协调发展，建设具有民族特色的新牙溪，打造成为铜仁市的后花园。

一、基本概况与历史沿革

（一）基本信息

牙溪村是贵州省铜仁市万山区谢桥街道辖区，距谢桥街道办事处8公里，位于九龙洞风景区。东南方与碧江区六龙山乡交界，西南方与敖寨乡杨家寨村相接，西北方与龙门坳村相邻，东北方与石竹村相邻。504县道穿村而过，海拔368米，村域面积17.42平方公里，有2695.92亩耕地，2100亩林地、2000亩荒地、可利用荒地1000亩、村组便道30公里、桥2座。牙溪村有12个自然村（寨），境内主要居住着侗族、土家族、苗族、汉族4个民族，下辖王家组、牙溪组、黑冲组、荒田冲组、何家铺组、梓木溪组、塘家坪组、田坝组、长岩屋组等9个村民组，共375户1335人。其中有建档立卡贫困户70户225人，属于非贫困村，贫困发生率由2014年的8.55%降至2017年的1.73%。牙溪村以张、杨、何、王、田等姓氏为主，党员有30名；外出务工人员有347人，主要从事建筑、服务、制造业；60岁以上老人有278人，90岁以上老人有3人，100岁以上没有，无劳动能力、无收入来源、无子女赡养的"三无"老人有6人。

（二）基层组织概况

牙溪村"三委"现有工作人员8人，其中支部书记、村主任、监委会主任、支部副书记各1名，村支部委员、村监委会委员各2名。现任牙溪村支部书记张兴科，从2013年任职至今；村委会主任张茂水，2016年任职；村监委会主任张水清，2017年任职；现任第一书记冯建霞，2018年10月任职；驻村工作队队长李传贤，2017年任职；常驻工作队队员杨沙、杨军。负责联系村的领导是街道办党工委委员、组织委员吴伟，2017年任职。

（三）历史沿革

牙溪村，因河得名。三条小溪翻滚着白浪在一寨前汇合，状如门牙，故得名牙溪、牙溪河。寨以溪名，叫牙溪寨，后来寨改村，称为牙溪村。1996年正式确定为牙溪行政村。[①] 此外，村支部书记张兴科说，牙溪是民族村寨，据传明朝时期该村少数民族杂居，以苗族为主。明将张淑公、何云公两将军占领此地，因山形像人牙，河流贯穿而过，将此村更名为牙溪屯，1956年组建人民公社，更名为牙溪村。

1956年9月，建立中共牙溪高级社支部委员会，隶属于中共石竹乡总支委员会。1959年1月，撤销中共牙溪高级社支部委员会，建立中共牙溪生产大队支部委员会，隶属于中共谢桥人民公社石竹管理区总支委员会。1961年8月，隶属于中共石竹人民公社委员会。1968年11月，隶属于石竹人民公社革命委员会核心领导小组。1971年11月，隶属于中共石竹人民公社委员会。1984年4月，机构改革，撤销中共牙溪生产

---

① 资料来源：《万山特区志》。

2018年10月26日，连玉明院长一行考察牙溪·悟隐村高效农园项目。

大队支部委员会，建立中共牙溪村支部委员会，隶属于中共石竹乡委员会。1992年7月，隶属于中共谢桥办事处委员会。2007年3月，中共牙溪村支部委员会撤销。[①]2010年从谢桥街道办事处石竹村分离出来重新组建成现在的牙溪村。2011年由碧江区划转到万山区，归万山区谢桥街道办事处所辖。

（四）乡村特色

牙溪村自然风光优美。据支部副书记张兴豪说，老辈传言，认定是否为牙溪原住村民的标准是，必须知道并能说出融汇当地自然特色的"东山轿顶、西陵猿猴、猛虎跳杆、岩鹰捕鸡、鸡捕蜈蚣"这一句来。

---

① 资料来源：中共铜仁市委组织部、中共铜仁市委党史研究室、铜仁市民政局编《铜仁市村级组织史资料 1949.11～2007.11》。

据村民张琴介绍，牙溪村山中有自然形成的响水洞、小水洞、仙人桥等景点。村支书张兴科自豪地称牙溪村是万山的一部分，是"天然的盆景"。牙溪村传说故事丰富，有剿匪英烈故事、犀牛的故事、仙人桥的来历，百鹭古树的传说，"许愿树"的故事等，拥有佛教文化、道教文化、农耕文化等多元文化。据村委会主任张茂水讲，村里习俗与汉族接近，过清明、重阳、中秋、端午、春节等节日。村里人信奉观世音菩萨，每年农历二月十九、六月十九、九月十九在观世音菩萨出生、成道、出家吉日，村里群众会点香参拜。百姓还会去"许愿树"前祈求多子多孙、健康平安等。

牙溪村现有大棚有机蔬菜种植、鱼塘养殖等支柱产业。村寨特产有鲴鱼、银鱼、油鱼、石蛙等珍贵鱼类，灵芝、石斛、接骨草、白芨等稀缺药材。特色饮食有八大碗、山珍野味、泡汤等。牙溪村建筑完整、依山傍水、气候宜人、民风淳朴。

二、基础条件与优势特色

(一) 基础设施建设

牙溪村结合脱贫攻坚，加大项目争取力度，全方位提级，着力抓好水、电、路、信、房等与群众生产生活息息相关的基础设施建设，彻底改善了农村生产生活面貌。村支部书记张兴科介绍，近年来牙溪村取得了巨大成效，基础设施不断完善，饮水安全有保障，家家通了自来水；灯更亮了，通电率达100%；通组路、通村路、串户路硬化率达100%；村组户绿化率为8%；网络全覆盖，广电云"户户通"普及率达100%。

（二）公共服务设施和公共服务水平

教育有保障，两免一补受享学生达100%，"雨露计划"共覆盖10人。现有村幼儿园一所，占地400平方米，有学生14人、老师2人，全村辍学率从2014年的3%降为0。医疗有保障，现有村卫生室1所，占地约150平方米，有村医1人，实现农村合作医疗全覆盖，参合率达100%。形成以城乡低保和医疗救助为重点的"四重医疗保障"体系，破解了"看病贵、看病难"困境。养老有保障，农村社保参保率为98%，现有幸福互助院1所。全村有文化活动场所有2个，总计占地约4168平方米，有三支舞蹈队，每年的重大节日举行活动。

（三）产业发展、务工经济、集体经济

村内现有企业3家、从业人员72人，其中，贫困户12人。务工以建筑、服务、制造为主。村内现有劳动力846人，区内务工约360人，区外务工约130人，务工收入约占家庭收入的75%。现有蔬菜大棚50亩，共投入建设资金326万元，有从业人员16人，覆盖全村贫困户。现有集体鱼塘1个，占地4亩，投入资金26万元，覆盖贫困户4人。村集体经济每年收入约6万余元。

（四）村寨保护和文化传承

村寨内有一百余年的"许愿树"（多子树）、两百余年的石墙、三百余年的牙溪屯张家祠堂，连排小木屋目前仍保存完好。张家祠堂占地约260平方米，张氏后代准备捐款建造乡愁馆，祠堂墙上贴着忠效国家、勤为职业、训教子女的张氏祖训和张氏家规家训。

(五) 乡村治理

牙溪村注重生态环境和居住环境保护，村组建起垃圾池，有卫生保洁员，垃圾统一由村里收集、街道转运、区负责处理。实施"五改一化一维"，已全面完成375户房改，建厨房168个，建卫生厕所146个。全村立足于实际生活，由村党组织发挥战斗堡垒作用，发动群众对村容村貌进行了彻底的整治，制定了朗朗上口的《村规民约"三字经"》，在文化广场的显著位置展示。

《村规民约"三字经"》的具体内容是：

牙溪村，是宝地；山水清，要珍惜；建设好，新农村；本条约，要牢记；爱国家，爱集体；跟党走，志不移；务正业，谋生计；勤劳作，同富裕；多学习，守法律；带好头，莫迟疑；用水电，不违纪；公家物，要爱惜；好青年，服兵役；戍边疆，保社稷；娶儿媳，嫁女儿；破旧俗，立新意；丧事简，不挑剔；既庄重，又省钱；敬老人，合作理；对儿童，重教育；邻里间，有情谊；互帮助，如兄弟；讲文明，行礼义；环境美，有秩序；倒垃圾，不随意；砖瓦柴，摆整齐；猪狗羊，鸭兔鸡；要圈养，多管理；此条约，大家立；执行好，都受益。

牙溪村加强和规范村"三委"班子建设，健全村党支部、村民委员会、村监督委员会，打造一支素质高、作风实、凝聚力强的村级干部队伍。成立脱贫攻坚指挥部，由包村领导任指挥长，由牙溪村党支部、牙溪村村委会主要负责人、驻村工作队队长任副指挥长。第一书记、村"三委"成员和驻村工作队成员按照职责分工，负责督促基层设施建设、人居环境改造，协助牙溪村党支部和牙溪村村委抓好扶贫产业的发展，着力抓好脱贫攻坚政策宣传等工作，形成良好的运转体系。

2018年10月26日，连玉明院长向牙溪·悟隐村高效农园项目负责团队提出建设意见和思路。

村党支部2015年6月获得铜仁市委授予的"五好"基层党组织荣誉称号。牙溪村2016年12月被贵州省司法厅和民政厅评为省级民主法治示范村，2017年被贵州省旅游发展委员会评为贵州省乡村旅游客栈精品级、贵州省乡村旅游村寨乙级。此外，牙溪村因干净、整洁、文明、有序的村组环境，获得"贵州省文明村寨"称号；2017年获得"万山区项目建设观摩会第一名"等光荣称号。

三、实践探索与经验模式

（一）打造传统农业向高效农业转型升级模式

新时期，农业经济发展的历史使命是管理模式的改革，农业经济转型的过程是农业实现由传统化向现代化的转变，农业生产方式的改变是农业实现由粗放型向集约型的转变。近两年来，牙溪村对传统农业实施了两个转型，一是传统农业向高效农业转型。通过推广先进技术和提高劳动者素质，发展高效农业。以前村里农业生产以玉米和低经济效益的蔬菜为主，现在将露天种植向大棚种植转型，大棚一年可以种多季。二是由传统农业向经济农业转型。玉米经济效益低，动员农民种植西兰花，经济收入明显增加。由于传统农业局限性大，既鼓励农民自主创业，又鼓励青壮年外出务工增长见识、增长才干、积累经验、积累财富，还鼓励青壮年返乡创业，引领致富，带动全村可持续发展。据驻村工作队队长李传贤介绍，目前，在村委的鼓励和支持下已经发展的比较大型的养殖产业有两个，其中一个是养殖山羊100多只，一个是养殖鸡1000多只，这两户规模现在都还比较大。广大村民深深认识到，农民致富还是离不开产业这一链条。

（二）打造"合作社＋贫困户"模式

以"三变改革"①为契机，依法采取转包、出租、互换、转让及入股等方式流转承包土地，满足产业适度规模化的需要。牙溪村大棚蔬菜基地按照九丰农业科技园区的模式打造，种植高效优质蔬菜50亩。该项目总投资500万元，其中2018年第一批中央财政专项扶贫资金100万元。大棚种植黄瓜、尖椒、西红柿、豇豆等多种蔬菜，通过专业人员进行种植技术、生产管理、病虫防害等方面的技术指导。建档立卡贫困户以专项扶贫资金入股，覆盖牙溪村贫困农户70户225人。合作社与入股精准扶贫户签订合作协议，集体所有、统一经营。产品由牙溪

---

① 三变改革：资源变资产、资金变股金、农民变股民。

村集体经济万山区南部农旅蔬菜农民专业合作社代管代销，销售完之后根据销售的份额进行分红，实行"622"分红模式，即建档立卡贫困户占60%、合作社占20%、村集体经济占20%。2017年度，全村建档立卡户分红金额共计12.6万元，每户分红1800元。

（三）推进"产业＋贫困户＋入股分红"模式

2017年牙溪村村"两委"、驻村工作队结合该村实际，将一块废置已久的池塘重新开挖、清理，注入新水源，发展鱼塘养殖。村"三委"干部共同筹资，每人掏出5000元买鱼苗。采用"产业＋贫困户＋入股分红"的发展模式，让适合鱼塘养殖的附近村民或贫困户作为看护人，村民入股，集体也入股分红。目前，该村鱼塘养殖产业已初见成效。鱼塘有20000多尾鱼苗，带动了6户贫困户发展，解决了1户贫困户就业，预计年收益20多万元。

（四）倡导"企业＋农户（贫困户）"模式

牙溪村支部、村委会支持驻地企业和创业致富带头人发展，同时通过就地就近就业，帮助贫困户开辟了一条新的致富之路。一是驻地企业铜仁新联爆破工程有限公司荒田冲组炸药库投入运营。该炸药库2013年进驻，2014年正常运作，解决村民就业6人，包括贫困户2人。据村民张兴良介绍，该炸药库实行一天三班值班制，自己收入在2500元左右。根据公司效益，定额工资为2000元，其他为炸药搬运费。贵州省武陵山天然泉水有限公司黑冲组矿泉水生产车间，解决村民就业10人，包括贫困户2人，并通过50个销售点解决村民就业45人左右。

二是返乡创业致富带头人通过创建立兰砖厂，解决贫困户就业5

2018年10月17日，调研五组与牙溪村"三委"班子成员座谈。

人，其中2名残疾人就业后，购置了冰箱、电视等家用电器。此外，据村支书张兴科介绍，一家私有养蜂厂和村里签订协议，前期投入20多万，带动村里10户残疾人养蜂，让农户自己养殖，厂里负责统一收购。

四、存在问题与难点

牙溪村是一个独具秀美山色的特色民族村寨，也是一个文化底蕴深厚的古村落，但是在发展的过程中对于本地民族文化旅游资源挖掘、保护和利用还存在着一些问题。

（一）民族文化旅游资源的挖掘、整理、研究工作滞后

近年来，政府部门投入历史文化挖掘、保护和利用的经费有限，

对历史文化工作重视不够。牙溪村9个村民组12个自然寨，到处是景观，有着很多故事传说，但是由于对本土文化资源的挖掘不深，研究不透，出现了地域特色不够鲜明的现象。特别是文化元素挖掘不够成为牙溪村农旅一体化发展的痛点。牙溪村有着鲜明的红色文化，两名战士因剿匪壮烈牺牲，而目前只保留了他们的坟墓，却没有他们的故事与精神传承。有着小瀑布、深水潭的小水洞也只存在于部分人的朋友圈里，没有进行更好的开发，响水洞、仙人桥、犀牛岩等更是如此。

（二）民族文化旅游资源的保护、管理、传承工作缺位

对一些本需很好保护管理的古建筑、特色民俗等历史文化资源保护重视力度不够。调研发现，牙溪村部分老木屋无人照料；两棵百年"许愿树"（多子树）缺乏保护管理，因火灾只剩下一棵；古石墙年久失修，破坏严重，由最先的500米到现在只剩80米；张氏宗祠也因保护不当，破旧不堪，就连两个大门也丢失了。

（三）民族文化旅游资源的品牌开发、利用进展缓慢

苏州高新区与铜仁万山区加强了两地旅游项目的互动与协作，苏州高新区将以万山区牙溪村泰迪农场项目建设为契机，拷贝高新区的泰迪农场模式，与万山区在景区整体开发、运营管理、宣传推广、节庆活动等领域开展合作。泰迪农场项目一期将投资3500万元，将利用牙溪村优美的山村风光，打造一个旅游综合体，但是该项目还未启动。目前牙溪村的文化旅游资源尚未形成高规格、高起点的品牌，缺少综合管理和专业的运作模式，没有让牙溪的文化资源活起来、文化精神强起来、文化产业兴起来。

（四） 民族文化旅游资源潜在优势的发挥受交通基础设施影响

交通是制约乡村旅游发展的关键环节，好景美景只有在看得见、赏得到的地方，才能让人念念不忘。出牙溪村至石竹、谢桥的9公里县级道路因建设三站和高铁，损坏严重，特别是到了阴雨天，泥泞难行，给部分村民出行带来一定困难，且在一定程度上削弱了牙溪村的区位优势，使民族文化旅游资源的优势难以充分地展现出来。此外，1995年的一次洪暴和2016年百年不遇的洪水使得河堤严重损毁，良田变河道，部分土地已荒芜，村民无力恢复。

五、对策与建议

（一） 加强民族文化旅游资源的挖掘、整理与研究工作

1. 提高认识，在民族文化旅游资源发掘保护、开发利用方面建立紧密的工作互动机制，成立领导机构和专门研究机构。在万山区委、区政府成立相关领导机构，在牙溪村组建相关研发机构或依托学会、协会等资源，制订经费投入保障机制，安排专人从事民族文化旅游资源的挖掘、收集、整理、传承和研究等工作，以便为牙溪村的文化旅游发展建设提供智力支持和文化支撑。

2. 制定规划，进一步加强民族文化旅游资源的挖掘和研究。寻求更专业、更科学的规划设计院，制定更合理的区域农旅一体化发展总体规划，对区域农旅一体化发展进行统筹规划，实现差异化发展。在规划建设之初，通过深入系统的普查、调查工作，摸清牙溪村民族旅游文化资源的家底，找到别具一格的特色文化资源，合理规划好功能布局，把特色文化资源优势转化为经济发展优势，打造与众不同的旅

游产品，最大限度避免同质化。

3. 因地制宜，深入挖掘民族文化旅游资源。旅游者心驰神往的是地方独特的文化，这些独特的文化也应是旅游业充分利用的旅游资源。建议围绕民俗活动、民族歌舞、节庆、建筑、民居、特产美食等重点领域做好挖掘、提炼、运用工作，从而丰富当地的文化内涵，最终把牙溪村建成有深厚历史底蕴，有鲜明地域特色，有民族文化差异和独特魅力的旅游精品目的地。

（二）加强民族文化旅游资源的保护和传承

1. 文化是灵魂，旅游是载体，资源的保护就是对文化传承载体的保护。村民是文化资源的拥有者，也是文化资源载体保护与建设的主体。牙溪应提高村民的保护意识，制定保护红线，明确保护范围、标准。

2. 自然孕育文化，自然激发感触，文化烘托自然。要尽可能立足当地文化旅游资源，保持好原有风貌，做好传统文化活态传承，致力于自然生态、古村落、许愿树等的保护工作。修缮张氏祠堂、古石墙，以保存好乡村的文化记忆，实现文化传承。

2018年10月18日，调研五组与在文化广场休憩的村民张世模交流。

3. 文化资源的保护发展，离不开文化资源的挖掘并赋予其文化新活力。选择部分有价值的古民居建立民俗博物馆和纪念馆，留下文化记忆，便于本地民俗文化、传统文化的传承和发展。以打造红色文化、山水景点为契机，讲好地方文化故事，丰富文化资源表现形式，丰富乡村旅游业态，提升游客体验。以打造"张氏祠堂＋乡愁馆"为切入点，让祠堂成为存放牙溪乡愁的陈列馆，望得见祠堂，看得见乡愁，加深游客的旅游印象。

（三）大力推进民族文化旅游资源的商品转化和产业化进程

1. 加强与国内相关科研院所、著名高校的合作，结合资源、环境、建筑形式的独特性和相互之间的协调性，发挥侗族、苗族、土家族等文化优势，弘扬地方特色和民族特色，推进民族传统手工技艺、文化创意产品的研发朝着个性化、特色化、高端化、商品化的方向发展。

2. 结合全域旅游的需要，把部分寨子或古民居作为农家乐、乡村

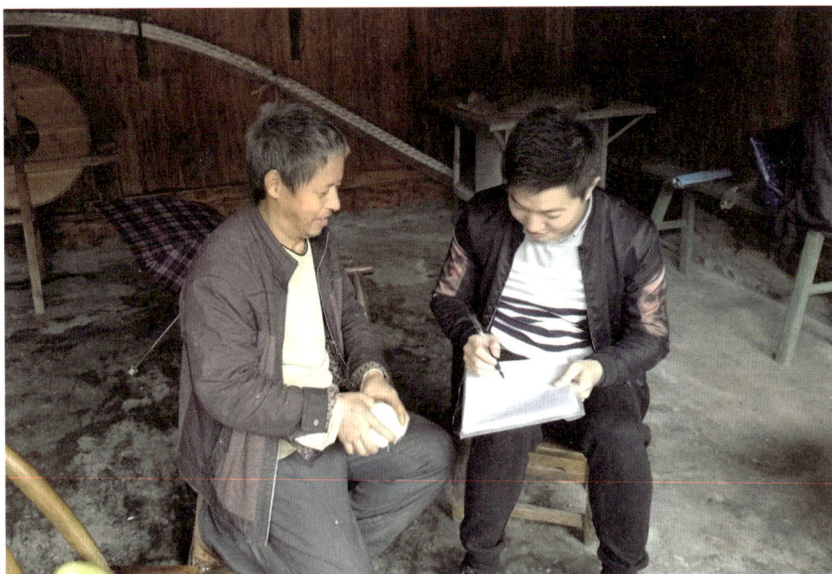

2018年10月18日，调研五组走访脱贫户张兴用。

旅游的载体，同时制定相关规则和办法，保证古民居的保护开发一体化。同时，原汁原味地保留老木屋的建筑风格，发展中高端民宿，为游客提供舒适的环境。

3. 培育壮大文化产业公司或文化产业专业合作社，将其逐渐打造为引领牙溪文化产业发展的龙头企业。同时，瞄准旅游开发龙头企业进行定向招商，吸引企业对区域内的文化旅游资源进行整体开发，提升全域旅游品质。

4. 积极做好文化旅游资源的整合及宣传，引进专业公司对区域内文化资源、自然景观进行整体策划和设计包装，抓住泰迪农场机遇，借助民宿木屋、农家乐，让游客回归田园生活，享受乡村旅居带来的新体验。以"农旅+文旅"模式，加强自然风光开发，推动牙溪民族文化特色村寨、景区景点成为民族文化体验区，提升牙溪影响力。

5. 按照"保持原生态、增加乡土味"的原则，结合市场需求，制定农旅一体化发展规划，延长产业链。既考虑农业产业发展，又考虑乡村旅游业发展，使产业生态化、生态产业化。丰富现代观光旅游形式，推进民族文化旅游资源开发的产业化进程，打造民族历史文化旅游品牌，让牙溪农旅一体化真正火起来。

（四）加大基础设施建设投入力度，助力民族文化旅游发展

1. 积极完善基础设施建设，提升相应配套服务，奠定文化旅游资源发展基础。交通、路政、旅游等行业部门通力协作，着力解决交通、旅游线路问题，开发独具特色的旅游线路。加大对牙溪村的交通、水利等社会事业的投入力度，改善当地发展的基础条件，同时要进一步营造社会参与的浓厚氛围，拓宽筹资渠道。

2. 用综合的理念经营农业，通过旅游提高土地利用率，增加农产品的附加值。加快完成防洪堤建设，着力进行河堤整治和改造，以便恢复农田，保护村里蔬菜基地及耕地，保护村民人畜安全，促进现代化农业发展。

3. 统筹整合财政涉农资金，在现有基础上对水、电、路、信等基础设施进行提级改造，同时加大对公共卫生、乡村旅游、文化娱乐等服务的资金投入力度，确保基础设施再完善、公共服务再升级，提升乡村生态休闲、旅游观光、文化教育价值。

参考文献

1. 铜仁市万山区转型可持续发展大调研组：《万山区谢桥街道牙溪村调研》，2018。

2. 谢桥街道牙溪村：《牙溪村脱贫攻坚工作情况汇报》，2018。

3. 谢桥街道牙溪村：《牙溪村2018~2020年精准扶贫产业发展实施计划》，2017。

龙门坳村的粉花紫叶，是一处人见人爱的美景，高冷惊艳、美而不腻、宠辱不惊，活出不一样的精彩。

剔透的露水在荷叶上晃动，晶莹的汗水从村民的额头上冒出，微风徐来，露珠像断了线的珍珠一样往下流，汗水也渐渐湿透他们的衣裳，拒绝生态污染，守住生态底线，绿水青山就是金山银山。

大门上的财神已斑驳泛黄，院墙外的喜字仍鲜艳如新，曾几何时，风靡一时的贴财神也已不再盛行，因为我们渐渐懂得，财富要靠自己的双手去创造，一分耕耘才能有一分收获。

三大模式筑品牌 四大举措促发展

——龙门坳村调研报告

2018年10月22~23日，铜仁市万山区转型可持续发展大调研第五小组成员姜思宇和陈名彬赴谢桥街道龙门坳村开展了为期2天的实地调研。调研小组与街道联系村领导、村"三委"、第一书记召开了龙门坳村发展情况座谈会，先后实地考察了龙门坳荷塘套养泥鳅基地、铜仁市万山区荪灵原生态农业产业有限公司竹荪烘烤加工车间、下坝组文化广场、龙门坳小学、大棚蔬菜基地、高山刺葡萄基地、空心李基地、柿子等水果种植基地。重点访谈了驻村第一书记韦吉、村委会主任刘小平、龙门坳小学校长刘云。入户走访了已脱贫的建档立卡贫困户刘春仙、刘开元、刘东苟、刘春明、刘大国、刘开祥、刘开华、张冬云、刘文花及一般户王胜、张桃英、俞国雄等12位村民，并填写了12份问卷调查表。收集到《谢桥街道办事处龙门坳村脱贫攻坚工作开展情况汇报材料》等资料。通过两天的深入调研，调研组对龙门坳村基本情况、脱贫攻坚、乡村振兴、未来规划、产业发展等有了较深刻的了解与认识。

调研组认为，龙门坳村发展方向较为明确，需要围绕转型可持续发展，进一步完善村庄规划，调整农业种植结构，走生态农业、智慧农业、品牌农业的路子。以休闲农业和文旅融合，加强产业规模化、科学化、品牌化发展，为推动区域经济发展和乡村振兴奠定更加坚实的基础。

一、基本概况与历史沿革

（一）基本信息

龙门坳村属贵州省铜仁市万山区谢桥街道辖区，位于谢桥街道东南部，距谢桥新区7公里。东部与石竹社区、牙溪村相邻，南部与瓦屋坪村、茶店街道老屋场村交界，西部与仁山街道楚溪社区、茶店街道开天村相连，北部与谢桥社区交界。平均海拔680米，村域面积15平方公里，有6800亩耕地。森林植被好，空气清新，气候宜人，年平均气温15.8摄氏度。龙门坳村境内主要居住着侗族、苗族、土家族、汉族4个民族，下辖下坝组、龙洞组、坳上组、竹一组、竹二组、小云南组、木弄口组、岩湾组、云南坡组、埋牛湾组、满房组、大房组、王家组、韭菜塘组14个村民组，共718户2869人。其中建档立卡贫困户162户568人，属于贵州省三类贫困村，贫困发生率由2014年的11.26%降至2017年的2.06%，并于2017年退出贫困村行列，是万山区谢桥街道脱贫攻坚最后一个出列村，也是贵州省脱贫攻坚十个监测点之一。龙门坳村姓氏以刘姓为主，刘姓人口约占全村人口的70%。党员有61名，外出务工人员有985人，主要从事建筑、种植等行业。60岁以上老人有629人，90岁以上老人有3人，没有100岁以上老人，无劳动能力、无收入来源、无子女赡养的"三无"老人有5人。

（二）基层组织

村党支部由3人组成，设书记、副书记、委员各1人；村委会由3人组成，设主任、副主任、委员各1人；村监督委员会由3人组成，设主任、副主任、委员各1人。现任龙门坳村支部书记刘云，任期为2016年至今；村委会主任刘小平，2016年任职；村监委会主任刘八芳，2017年任职；现任第一书记韦吉，2016年任职；驻村工作队队长杨胜江，2016任职；常驻工作队队员韦吉、张吉舟、杨林、曾令勇。负责联系村的领导是街道办党工委副书记、政法委书记张吉舟，2016年任职。

（三）历史沿革

龙门坳村，因地形得名。龙门坳村东边有石竹河，西边有龙洞河，中间山坳突起，故取"鲤鱼跃龙门"吉祥含义，名龙门坳。1996年正式确定为龙门坳行政村。[①]另据村支部副书记王政新介绍，据老辈传言，村里最初是龙姓人到此居住，加之该村地处山坳之上，因此得名"龙门坳"。

1958年9月，建立中共龙门坳高级社支部委员会，隶属中共红旗（谢桥）人民公社委员会。1959年1月，撤销中共龙门坳高级社支部委员会，建立中共龙门坳生产大队支部委员会，隶属中共谢桥人民公社谢桥管理区总支委员会。1961年8月，隶属中共谢桥人民公社委员会。1968年11月，隶属谢桥人民公社革命委员会核心领导小组。1971年11月，隶属中共谢桥人民公社委员会。1984年4月，机构改革，撤销中共龙门坳生产大队支部委员会，建立中共龙门坳村支部委员会，隶属中

---

① 资料来源：《万山特区志》。

2018年10月26日，连玉明院长与谢桥街道办主任杨月明察看荪灵原生态农业产业有限公司竹荪包装情况。

共谢桥乡委员会。1992年7月，隶属中共谢桥办事处委员会[1]。2011年由碧江区划转到万山区，为万山区谢桥街道办事处所辖。

（四）乡村特色

龙门坳村有岩湾、埋牛湾、韭菜塘、古树等景观。土地肥沃，含钾量高，光照丰富，年降水量800毫米，全年无霜期250~280天，适宜多种经果林的生长，是谢桥街道的经果林大村。目前全村有高山刺葡萄、空心李、金秋梨、柿子、巨峰葡萄等特色果品，有竹荪、荷塘套养泥鳅、高山刺葡萄、大棚有机蔬菜等支柱产业。

---

[1] 中共铜仁市委组织部、中共铜仁市委党史研究室、铜仁市民政局编《铜仁市村级组织史资料 1949.11~2007.11》。

二、基础条件与优势特色

(一) 基础设施建设

围绕水、电、路、信、房、寨等基础设施建设，14个村民组全部通水通电。2017年投资200余万元兴建人畜饮水工程，修建完毕并全面投入使用，全村所有村民组用上了安全有保障的自来水，彻底解决了龙门坳村人畜饮水难题。完成7公里7米宽的通村油路和7公里7米宽的通村窄路面扩宽硬化工程，硬化组组通公路7条8公里，14个村民组全部通硬化路，交通十分便利。对全村通信盲点进行实地踏勘，联系通信部门修建基站，全村都安装了广电设备，接通了无线网，实现了网络全覆盖。

(二) 公共服务设施和公共服务水平

龙门坳村注重发展农村教育事业和加强公共文化建设，稳步提升社会保障水平，公共服务水平不断提升，有力助推了乡村振兴。现有公办小学、公办幼儿园各1所，小学学生38人，学前班幼儿27人；有文化广场4个、体育广场1个、有村卫生室1所、村医1人。

(三) 产业发展、务工经济、集体经济

乡村产业发展是脱贫攻坚和乡村振兴的重要抓手，在村党支部的带领下，促进农村产业现代化、规模化发展，主要有竹荪、荷塘套养泥鳅、高山刺葡萄、蔬菜大棚等产业。通过就地就近务工，村民年平均每人收入为8500元。目前村集体经济年收入约为200万元，年支出约为180万元。

（四）乡村治理

龙门坳村注重环境卫生及垃圾处理，通过村组干部、工作队入户走访、召开院坝会等方式，开展村庄整脏治乱工作，完善环保设施。家家户户房前屋后、里里外外干净整洁，每天环卫车将垃圾拉出村组，统一集中处理。大力实施"五改一化一维"和危房改造、易地搬迁工程，建立联合推动工作机制，督促工程顺利进行，有效解决了群众住房问题。维修房屋700余栋，改厨房720个，改厕所720个。

龙门坳村制定了村规民约：一要热爱祖国，热爱共产党，热爱社会主义，热爱家乡；二要遵纪守法，不偷盗，不赌博，不坑蒙拐骗，不打架斗殴；三要孝敬父母，履行赡养义务，凡虐待父母者，大房小事不给帮之。

2018年10月26日，连玉明院长在谢桥街道龙门坳村服务大厅了解为民办事服务情况。

龙门坳村加强村"三委"班子建设，选优配强班子队伍，选拔村干部要求人品素质好、经济条件好、有奉献精神。特别是村党支部书记和村委会主任通过选举产生，履行党支部、村委会的工作职责，有着干事创业的责任意识、勤政为民的服务意识，带领群众共同致富。同时，配备政治素质较高，有责任担当，政策理论水平和组织协调能力较强，热心为基层和群众服务，具有一定农村工作经验的干部担任第一书记。2017年7月，龙门坳党支部获得中共谢桥街道工作委员会授予的"先进基层党组织"称号；2018年6月，龙门坳党支部获得中共贵州省委员会授予的"全省脱贫攻坚先进党组织"称号。

三、实践探索与经验模式

(一) 探索村庄规划统筹发展新模式

谈到龙门坳的村庄规划时，村委会主任刘小平说，龙门坳村规划核心区包括下坝组往南的10个村民组，面积约9.5平方公里。依托于基地良好区位优势和发展基础，项目以"农业休闲 + 文化体验"为龙头突破，以四季花卉和葡萄酒庄为旅游亮点，以生态休闲、科普教育、农事体验、葡萄酒文化、旅游购物等产品为补充，重点发展休闲度假与传统文化体验，打造铜仁周边休闲农业发展的标杆项目、示范基地。因此，将其形象定位为休闲胜地，浪漫花卉世界，葡萄庄园、户外运动。而其功能主要包括农业观光、文化体验、郊野休闲。规划核心区总体构架为"一轴、一庄、两园、三区"。一轴指村庄发展轴，指村庄的发展方向。一庄即入口休闲农庄，在村庄入口的重要区域，配合现有果园、田园、菜园，修建休闲农庄和花园，形成良好的观光休闲区域。两园是花卉艺术园和葡萄庄园。花卉艺术园分为山体花卉公园和花卉苗圃基地两部分。葡萄庄园结合650亩葡萄基地，扩大种植规模。秋季的葡萄与葡萄酒相得益彰，人们在品尝葡萄的同时可以品尝葡萄酒。三区指文化体验区、山地运动区、蔬菜种植区。文化体验区是村庄传统建筑保存最好的区域，是体验传统文化、佛教文化（回龙庵）和休闲度假的好去处。山地运动区以森林为主题，通过景观林木的打造，形成生态好、私密度高的环境，规划开发森林木屋、森林百鸟园和森林运动项目等。蔬菜种植区以自然农法种植蔬菜，以健康的土地生产健康的食物，孕育健康的人。

（二）创新"五位一体"农村基层党建工作模式

龙门坳村以加强基层党组织建设，以夯实责任、织密体系、多元服务、抓实创新、强化保障为重点，系统促进农村基层党建工作有效创新。

一是选优配强村"三委"干部，夯实责任。吸引乡贤能人、企业家回村竞选村干部，回报家乡，充分发挥"头雁效应"。本届村"三委"干部基本上为高中以上学历和致富带头人，在产业发展、基础设施建设等工作中发挥了"领头雁"作用。据谢桥街道党工委副书记张吉舟介绍，村党支部书记刘云是三家公司的负责人。刘云在2016年4月当选龙门坳村乡贤参事会会长。2016年12月，第十届村支部换届选举，全村党员投票选举他为新任龙门坳村党支部书记。为了打消乡亲们的疑虑，他将自己的公司交给别人打理，回村当起了支部书记。本届村"三委"干部仅刘云1人就私人垫资100余万元帮助村里发展产业、改善基础设施。

二是建好一支队伍，织密体系。按照脱贫攻坚党委主责、政府主抓、干部主帮、社会主扶的原则，把村"三委"干部、下派干部、"5321"人员、村组干部队伍进行整合，形成工作合力，稳步推进各项工作，激励工作队员放下一切包袱，轻装上阵，用心用情投入脱贫攻坚热潮。工作队员每天吃住在村，"5加2""白加黑"，加班加点加油干，沉下心来用心干，贴近群众真情干。

三是开拓一块阵地，多元服务。新修村办公楼1200余平方米，完善了相关功能室，把民心党建、产业党建和脱贫攻坚高度融合，统筹好脱贫攻坚"作战室"制度建设、村组级档案归档、党务政务公开等各项工作，打造坚强的脱贫攻坚阵地。

2018年10月22日，谢桥街道党工委副书记、政法委书记张吉舟陪同调研五组实地参观荷塘泥鳅基地。

四是做好"三引一带"工作，抓实创新。大力实施党员带富能手培养、村集体经济债务清零、村级活动场所标准化建设三大行动计划，实施好引产业到村、引项目到组、引技能到户、带增收到人的"三引一带"党建促脱贫攻坚模式。

五是夯实工作作风，强化保障。严肃工作纪律，严格督促检查，切实提高帮扶干部的执行力和落实力，确保工作成效。正是在村支书刘云等主心骨、领路人的带领下，全村各族群众发展壮大集体经济，基层党组织的战斗力和凝聚力明显增强，实现了由2015年的软弱涣散基层党组织到全省脱贫攻坚先进基层党组织的华丽转身，村里呈现出欣欣向荣的新气象。

（三）推行"村集体经济＋商管公司＋合作社＋贫困户"模式

竹荪种植是龙门坳村大力实施农业产业结构调整的结果。龙门坳村坚持把发展产业作为带动整村脱贫的核心动力，探索村集体经济占利润16%、商管公司占利润16%、合作社占利润20%、贫困户占利润48%的脱贫路子。

一是由村"三委"带头，2016年开始将竹荪产业作为龙门坳村级集体经济项目推动规模化发展，将大部分土地集中利用盘活，有效提高作物的经济价值，调动了农民群众参与发展的积极性。

二是龙门坳村2017年5月注册成立了万山区荪灵原生态农业产业有限公司，投入240万元购置大型风干机6组，建设竹荪产品加工厂房约2000平方米。同时，作为商管公司，聘请有资质的专业技术人才负责产业经营管理和品牌包装，规范产业项目管理，解决该村在产业发展中市场竞争力弱的难题。

三是由龙门坳村种植养殖专业合作社负责提供产业发展技术支撑，为竹荪种植提供技术保障。

四是在发展脱贫攻坚产业中，将贫困户脱贫作为最根本目标。群众在播种、植苗、施肥、管护、收获、销售等环节全程参与，既能够解决产业项目用工问题，又能够增加群众薪金收入，让群众共享产业发展成果。引导24户贫困户参与"精扶贷"，每户贷款5万元注入荪灵公司发展，贷款户每年保底分红1万元，其他贫困户年底享受竹荪产业分红1800元。

据谢桥街道党工委副书记张吉舟介绍，2017年流转土地500亩种植竹荪，实现经济效益500余万元。竹荪采摘期内（7月至11月）每天可拉动当地群众就业100余人，人均每月收入2000元左右。2018年，龙门坳村在本村发展竹荪种植700亩，在高楼坪乡发展竹荪种植800亩，共计种植1500亩，预计可实现利润3000多万元。同时，龙门坳村荪灵公司在2017年先后获得国家ISO900质量认证、国家ISO14000环保认证、竹荪产品有机证书、QS认证等证书6项，成为全国同行业中证件最齐全的企业，其中有机认证系全国竹荪产业首家，也是唯一一家。现已通过区级电商平台进行网络销售，与京东网、苏州十行生鲜签署了销售协议。线上主要销往北京、上海、新疆等地，线下主要销往贵阳、苏州、重庆、广东等地。

此外，龙门坳村还推行"专业合作社＋产业基地＋贫困户"脱贫模式，由能人大户组建的龙门坳村种养殖专业合作社，负责提供产业发展技术支撑，避免了产业发展过程中因技术不足产生的损失。财政注入扶贫资金100万元作为贫困户股份发展高山刺葡萄500亩，2018年底可实现葡萄产业首次分红。

四、存在问题与难点

　　龙门坳村发展方向比较明确，村庄产业规划定位为休闲农业和文旅融合，在实施农业结构调整、发展村级集体经济、积极探索产业发展新模式方面取得了成效，但在全村整体转型持续发展中也面临一些挑战和困难。

（一）村庄规划尚处于摸索阶段

　　龙门坳村依托生态农业产业，打造特色文化休闲旅游村落，但是在基础设施、服务设施、具体落地空间、土地利用、产业、景观风貌等的规划和设计上有待进一步明确和完善，特别是缺乏相对详尽的实施步骤。同时缺乏较为专业的农村规划人员，在编制发展规划的过程中，不能处理好各方面的关系，由此导致村庄规划不够全面科学，不能有效发挥引领指导作用。

（二）中高端农业品牌发展还需要进一步加强

　　农业品牌贯穿于农业生产、加工、流通全过程，引领着现代农业的转型升级。竹荪是龙门坳的名片，种植见效快、效益高，适合当地的山地地形、气候条件和生态环境。但是竹荪品牌影响力有限，当地葡萄等精品水果和千亩野生油茶的价值没有挖掘，品牌建设过程中存在整合统筹协调不够，缺乏创新思维，创建品牌的龙头企业龙门坳村荪灵公司实力不够强，品牌知名度、品牌效应尚未得到较好发挥，产品的品质特色不够鲜明，传播力度不够大的问题，中高端农业品牌塑造还需要进一步加强。

(三) 农业生产经营规模受土地数量的制约

就目前来看，农业规模化生产经营的核心问题还是土地规模化集中经营。龙门坳村以竹荪种植作为当地主要的支柱产业，以土地流转、入股分红以及支付劳动力工资的形式鼓励村民加入竹荪种植产业。但村里现有耕地较为分散，部分农田休耕、撂荒，种植竹荪缺少更多集中的土地。同时竹荪种植存在土壤质量下降、地力衰退的问题，需要休耕种植养地作物，三年后才能继续种植竹荪，影响了竹荪产业做大做强、规模化发展。

(四) 基础设施建设和产业发展中资金缺口大

龙门坳村是2017年万山区谢桥街道脱贫攻坚最后一个出列村，村集体经济基础薄弱，融资渠道也不是很完善，资金主要靠有限的政府投入和村"三委"自筹。受制于自身的地理环境（地势高、土地分散），产业发展和基础设施建设前期投入成本较大，再加上想做大做强竹荪产业、发展大棚精品水果、完善现有千亩经果林配套设施建设，产业发展和基础设施建设所需要的资金缺口非常大，投入后劲不足。

五、对策与建议

(一) 完善落实可行性强的村庄规划

1. 村庄规划制订前，要摸清农村的实际情况，包括当地的经济、社会、文化、环境、历史特点等各个方面的情况。要充分尊重民意、突出特色，坚持人与自然和谐相处，注重利用土地，保护耕地，不要千篇一律。要因地制宜制定当地的村庄规划，同时对制定的规划既要有明确的目标，又要考虑农民、国家、社会的承受能力，不盲目强调高标准、高要求。

2. 村庄规划制定过程中，要落实民主决策、民主管理、专业机构指导、相关部门审定，坚持科学合理，统筹兼顾。政府发挥政策制定、蓝图规划、建章立制的作用，从省级以上规划设计院或专业机构聘请一些专业规划人才参与村庄规划，对"农村总体发展规划""农村产业规划""农村土地利用规划""农业现代技术规划""农村人口和人力资源规划""农村科学教育规划"以及环境保护、基础设施、乡风文明等内容进行规划论证，同时定期组织专业规划人才深入农村进行现场技术指导，并加强基层规划人员职业技能培训，使村庄规划更加完善、更加科学、更加权威。

3. 村庄规划落地时，要制定整体发展、整治及管控方案，实现高

2018年10月22日，龙门坳村委会主任刘小平向调研五组介绍村庄规划。

效精细化管理。休闲农庄现已进入主体化、个性化的竞争时代，乡村文化旅游市场潜力大，需从文化、产品、休闲、产业四个方面着手，把脉不同年龄层段的消费群体。文化传承是乡愁，应做实当地的文化底蕴，通过细分市场，将乡村旅游产品做精，切入游客的心理需求，带动龙门坳村美丽乡村建设。村庄建设可持续发展需要做好村、乡（街道）、规划主管部门等多个部门循环监督、管理，规划期的把关、建设期的监督、后期的维护三者缺一不可。

（二）加快推进农业品牌化发展

1. 农产品品牌建设是一个系统工程，难度很大，需要各方主体在思想和行动上保持一致，始终高度重视农业品牌，创建农产品知名品牌就大有希望。同时，万山区政府要在乡村农业品牌的规划布局、培育引导、标准制定、设施建设、产销对接、质量安全监管、市场行为规范等方面加大力度，坚持以市场机制为主推动乡村农业品牌的发展壮大，把品牌建设融于农业全产业链，助推农业转型升级提质增效，提升产品附加值，重塑价值链利益分享机制，让农民分享全产业链和全价值链提升带来的更多收益，形成农民增收新动能。

2. 建立健全品牌农产品的标准体系，引导中高端农业产品的标准化、产业化和规模化发展。农产品品牌价值涵盖品种、品质、品位，其中品质是打造品牌的基础，建议制订并落实品牌农产品的产品标准、生产标准、保鲜加工标准、储存流通标准，积极申请农产品质量认证，提高产品质量公信力，将农产品打造成拥有自主知识产权、技术含量高、市场占有率高的知名品牌。同时，在农产品品牌塑造方面加强对文化的挖掘与利用，讲好品牌故事，提升文化品位，增加品牌的文化底蕴。

3. 围绕"一村一品"创新农业产业品牌培育方式，强化顶层设计，提升品牌价值，做好价值挖掘、LOGO 设计、广告语确定、营销传播等一系列工作。着力整合传播，在中央和省级报纸、电视、网络媒体上集中宣传，参加大型博览会、交易会和网上宣传推介活动。做好品牌农产品的营销，除了专卖店、专柜、同城配送、会员制、电子商务等这些常规的办法外，还可通过事件营销的方式迅速提高品牌知名度。

（三）强力推动产业规模化发展

1. 梳理清楚全村集体土地，提高土地生产率。通过登记核实对可用于农产品种植的土地进行整合，采取正常的土地流转途径，引导和鼓励农民以土地经营权入股，建立土地股份合作社，开展土地股份合作经营或委托经营，在农民自愿的基础上，将农户小而散的土地适当地集中，促进土地向农村集体经济、种植大户等集中。促进竹荪规模化种植，提高资源利用效率和农业生产效率。

2. 探索村村抱团式发展，有效解决土地需求。加强村村合作，发挥各自优势，实现互利共赢。如采取飞地模式，与土地资源丰富的村庄开展股份合作，通过合作村入股的土地，扩大竹荪种植规模。进行标准化生产，龙门坳村负责统一供种、统一管理、统一技术、统一收购、统一加工、统一销售，促进竹荪产业稳定发展，增加经济效益，发展壮大村集体经济。

（四）扩大融资渠道，破解资金瓶颈

1. 实施"项目强村"战略，认真研究国家财政、产业政策和项目资金投向，向上级财政或有关部门争取项目资金，实施项目带动，以此作为推动龙门坳村经济加快发展的突破口。

2. 加大招商引资力度，创新融资模式，着力引进一批规模大、实力强、前景好的经营主体或龙头企业参与项目投资、产业经营。引导城市资金、技术、人才等生产要素向农村流动，鼓励社会资本投资，鼓励龙头企业到农村建立优质农产品生产加工基地，发展农产品精深加工业，努力构建完整的产业链条。

3. 以竹荪、精品水果、农旅文化等特色产业、亮点项目、精品文化吸引社会资金，以贫困户"精扶贷"入股等方式加大社会参与力度。

4. 争取金融帮扶优势，降低贷款门槛，提高贷款额度，延长贷款期限，简化贷款手续，优惠贷款费率，减轻资金压力。邀请专业人员或专家做好贷前融资规划、贷后跟踪指导。

参考文献

1. 铜仁市万山区转型可持续发展大调研组：《万山区谢桥街道龙门坳村调研简报》，2018。

2. 谢桥街道龙门坳村：《谢桥街道办事处龙门坳村脱贫攻坚工作开展情况汇报材料》，2018。

一个个挑灯奋斗的夜晚，一座座拔地而起的高楼，一串串脱贫攻坚的战果，举国扶贫这场战役已经吹响了最后冲锋的号角。

焕然一新的活动室，朝气蓬勃的志愿者，五彩斑斓的工艺品，扶贫先扶智，祖国的花朵在这里绽放，孩子们的梦想在这里启航。

四十年已经过去，没想到我们还能再相聚，汞矿子弟中学是我们共同的回忆，那时的岁月让我们怀念，那时的情谊让我们相聚。

探索"12345"工作思路
构建"一核多元"共治模式

——冲广坪社区调研报告

2018年10月17~19日，铜仁市万山区转型可持续发展大调研第五小组成员秦坚松、蒋璞赴谢桥街道冲广坪社区开展调研活动，冲广坪社区居委会主任姚小兰陪同调研。调研组先后走访了综合服务大厅、网格室、新时代市民讲习所、党员活动室、四点半学校、民族之家、舞蹈室、卫生卫计服务中心、爱心超市、多功能放映厅、区老年大学和"五老"巡视组等多个地点，并在社区会议室召开了谢桥街道冲广坪社区转型发展情况座谈会。先后访谈了7名人员，分别是团区委干部谭幂、原万山矿区社区服务管理局干部田茂文、原谢桥办事处干部刘俊文、原贵州汞矿冶炼厂副厂长邓建新、原万山区人大常委会代工委主任彭秀平、原贵州汞矿党总支书记崔德荣、原贵州汞矿科研所工段长游仁昌，其中，彭秀平参加过对越自卫反击战，崔德荣参加过抗美援朝战争。先后发放回收问卷14份，群众对当前生活比较满意，直观地感受到万山区的发展变化。

本次调研深入社区一线、深入百姓家中，看社区风采、看百姓家庭，听基层干部声音、听人民群众声音，很大程度上掌握了基层干部与群众对万山转型发展的真实体会。老百姓对房子、交通、教育、医疗等看得见、摸得着的变化感受特别深刻，评价特别满意。冲广坪社区作为一个生态移民试点社区，也是全区示范社区，基础条件好，模式探索多，发展速度快，随着冲广坪社区的快速发展，社区面临着治理结构、运行模式和共治机制的转型问题，需要提前谋划，及时布局。

一、基本概况与历史沿革

（一）基本信息

冲广坪社区原名寸弯坪，此地原是万山老百姓前往铜仁市买米、买面、买油的必经之路，由于道路狭窄而得名，后来道路逐渐拓宽，才改名为冲广坪。冲广坪社区是少数民族生态移民试点社区，位于谢桥东南方，距谢桥街道办事处所在地1公里。社区居民主要是万山大坪乡、鱼塘乡、高楼坪乡、黄道乡、敖寨乡、下溪乡等少数民族乡镇的易地搬迁、水库移民、生态移民群众，涉及苗族、土家族、侗族、仡佬族等民族。社区总面积0.29平方公里，目前，共有16个居民小组，入住2248户4438人，其中少数民族群众3230人，占社区现有人口的72.8％。社区共有居民房31栋，其中步梯房19栋（1568户）、电梯房12栋（1264户），居民全部入住后可达8000余人。由于居民来源多，没有占比较大的姓氏。当前居民大多在当地务工，外出务工人员比较少。社区共有12名党员。社区有60岁以上老人295人，90岁以上老人4个，没有"三无"老人。由于是城镇社区，不存在建档立卡贫困户。

（二）基层组织

冲广坪社区成立于2016年2月，居委会干部任职时间从社区成立起计算，已经任职三年多。他们分别是支部书记刘玉芬、支部宣传委员兼居委会主任姚小兰、支部组织委员兼居委委员徐娣英、居委会副主任兼办公室负责人田亚男、委员李翠林、委员周丹、委员戴霞、网格管理员段少华、协管员张雪梅、协管员赵英。2017年5月28日，冲广坪社区成立"五老"①巡视组和监督委员会，成员分别是巡视组组长兼监委主任田茂文（原贵州汞矿科研所直属党支部书记）、巡视组组员兼监委委员邓建新（原贵州汞矿冶炼厂副厂长）、巡视组组员兼监委委员彭秀平（原万山区人大常委会代工委主任）。驻社区干部有团区委志愿者服务中心负责人谭幂、谢桥街道计生协会专职副会长毛德军、谢桥街道计生办负责人余勤。

二、基础条件与优势特色

冲广坪社区基础设施比较完善，自来水、电、网络均已接通，绿化率约为30%，尚未接通燃气。由于是城镇社区，不存在集体经济和务工经济。

（一）功能配套齐全

社区服务中心按照高起点定位、高效率运转、高标准服务的功能定位，建有综合服务大厅、网格室、道德讲堂、党员活动室、民族之家、

---

① 五老，即老干部、老退伍军人、老党员、老教师、老居民代表。

2018年10月26日，连玉明院长在冲广坪社区服务中心察看志愿者队伍建设情况。

群众议事室、四点半学校、图书室、儿童乐园、舞蹈室、卫生卫计服务中心、爱心超市①、多功能放映厅等功能室。功能室为群众提供了许多服务。团区委干部谭幂说："这边设置的四点半学校、图书室、舞蹈、儿童乐园，更多针对的是青少年群体。这里都免费开放，学生下课都会主动过来，特别是我们开展的活动，社区的学生参加的积极性都非常高，也非常受社区家长的欢迎。"

辖区内建有老年日间照料中心1所、医院1所、星级农贸市场1个、健身场所4个（塑胶篮球场、羽毛球场、乒乓球场、多功能健身器材场）、公厕1个、千米绿色公园1个、区老年大学1所。我们在老年大学碰见了老年书画研究会会长（原万山区政协主席）张进国，他说："我是1941年的人，今年78岁，我画画不是科班出身，我是自学的，没有进过美

---

① 爱心超市出售的商品低于市场价。

术院校，我想在有生之年给万山留下一点东西，画万山十八大以来发生的巨大变化，万山新貌，大概有100多米。"此外，周边在建的小学、中学、高中实现了教育一体化。社区基本服务功能较为完备，为群众提供了优美宜居的环境。

(二) 智能化安全保障

冲广坪社区打造成智能零发案小区升级版，安装智能云可视对讲设备16套、智能云梯监控设备2套、智能云车场设备2套、高点球机1套、微卡5套、人脸抓拍相机3套、全局相机1套、球机①2台、高清摄像头48台，将安防工作变被动为主动，变管理为服务、变盲目为精准。小区通过搭建智能零发案小区平台，把各类安防设备集中到平台，让应用与管理更加便捷、服务更加多元，杜绝了刑事案件，大大降低了治安案件的发案率，提升了居民的安全感和幸福感。

智能零发案平台通过对治安维稳工作中的重点指标进行多角度实时监控和分析，实现了社区治安维稳监控的立体化、智慧化、信息化，推动了管理方式由网格员单一型向服务加预警的合成型转变，既提高了社区管理效率，又极大地提升了服务功能和质量。区政法委综治科科长徐启荣说："特别是针对孤寡老人、留守儿童，如果进了这栋楼长时间没有出来，超过了三天，我们的信息也会后台主动推送的，我们的社区工作人员会根据数据分析的信息主动登门看一下。"

---

① 球机全称为球形摄像机，是现代电视监控发展的代表，它集彩色一体化摄像机、云台、解码器、防护罩等多功能于一体，安装方便、使用简单但功能强大，广泛应用于开阔区域的监控。

（三）居民构成多元

一是汞矿退休职工多。据社区工作人员姚小兰介绍，冲广坪社区安置了许多原汞矿职工，为他们提供了舒适宜居的住房条件，满足了他们的住房需求，进一步推动和谐社会建设。同时，汞矿的退休干部也成为社区治理的主力军，冲广坪社区"五老"巡视组中有两位成员是汞矿退休干部，为社区居委会出谋划策，共同建设冲广坪社区。"五老"巡视组组长兼监委主任田茂文说："要做社区服务的坚强后盾，力求做一些亮点工作。"

二是移民来源地多、民族类别多。冲广坪社区是少数民族生态移民试点社区，社区居民主要来自万山大坪乡、鱼塘乡、高楼坪乡、黄道乡、敖寨乡、下溪乡等少数民族乡镇，多元的居民构成将有助于提升冲广坪社区的文化多样性，打造多彩文化冲广坪。冲广坪社区开办了《一家亲》月报，有一期新闻提到了"民族团结一家亲长桌宴"活动，这场活动拉近了多民族居民的关系。

（四）居民公约详细情况

社区制定了非常详细的社区居民公约，涉及居民生活的方方面面，为移民搬迁人员，也为当地居民提供了全面的行为依据，具体内容如下。

1. 爱党、爱国、爱社会主义，响应政府号召，认真履行公民应尽的各项任务，团结一心，为两个文明建设做出贡献。

2. 学法、知法、守法、自觉维护社会和公共秩序，见义勇为，同一切坏事和不良行为做斗争。

3. 学习科学文化知识，开展文明建设的文娱活动，不看反动淫秽书刊、录像等，不参与赌博、吸毒活动，不做伤风败俗之事。

2018年10月26日，连玉明院长察看冲广坪社区服务中心工作模式展板。

4. 移风易俗，反对封建迷信，红白喜事不大操大办，提倡晚婚晚育。

5. 搞好公共卫生，自觉维护社会和公众利益，为净化、美化、绿化城市做贡献。

6. 不养家禽家畜。宠物办证，不任其到处乱窜扰民。

7. 节约用水、用电、不私自乱拉乱接电线。

8. 积极参加公益、文体活动，营造优美、安全、舒适的生活环境，共创文明社区。

9. 邻里和睦、团结互助、相互尊重、互相谅解、敬老爱幼、举止文明、礼貌待人，不做任何有损他人的事。

10. 讲究卫生、不随地吐痰，不乱扔纸屑、杂物，楼道内不堆放东西，墙壁上不乱写乱画乱贴。

11. 爱护公用设施，不得损坏任何东西。

12. 做好三防工作：防火、防盗、防燃气泄漏。

13. 教育子女遵纪守法，远离毒品，做合格的文明市民。

14. 居民外出时先检查是否关好门窗，关好燃气总闸、电闸、水闸，再锁好门离开。

15. 关心集体、热心公益、积极配合社区工作，主动参与公益事业。居民之间互助关心，互敬互让，文明礼貌共创和谐社区。

三、实践探索与经验模式

（一）探索"12345"工作思路

1核：以习近平新时代中国特色社会主义思想为核心

要求党员干部要认真学习贯彻党的章程、党的纪律以及习近平总书记系列重要讲话精神，将其作为党员干部学习教育的重要内容，使广大党员干部在思想上、政治上、行动上与党中央保持高度一致，永远跟党走，紧密团结在以习近平同志为核心的党中央周围，全面落实各项制度，切实加强党的思想、组织、作风建设。

2解：解决居民的热点、难点问题

深入调查研究，广泛吸纳居民意见，紧紧围绕广大居民关心的热点、难点问题，竭尽全力帮助解决存在的困难和问题。

3抓：抓学习、抓管理、抓建设

抓学习。为进一步激发广大社区居民参与学习的主动性和自觉性，社区积极创新活动载体，丰富学习内容，以市民讲习所为依托，邀请老干部、老领导、老专家办讲座，用深入浅出的语言，阐述学习的目的、内涵和精神实质。

抓管理。将提升管理者的素质和能力作为一项重要工作，只有具备高素质的干部队伍，才能推进社区各项工作。冲广坪社区利用会议、讲习所等平台，强化对社区党员干部的培训和教育力度，不断提升他们的素质和能力。将制度落到实处，增强制度的执行力，创新思想，完善功能，健全档案资料，制作制度版面，打造居民参与共建、共治、共商、共有、共享的"五共"社区。

抓建设。建设文明和谐美丽社区是冲广坪社区的工作目标。一是将党的方针政策、法律法规深入千家万户，在居民中做好政策法规的宣传工作，不断提升居民对政策法规的认知水平，规范居民行为。二是保持良好的生态环境。让良好的生态环境成为人民生活质量的增长点，提高居民生活质量，将生态良好转变成生活美好。

4方位：人口管理、天网工程、矛盾化解、治安管理

以大数据、大平台天网工程建设为载体，根据社区流动人口多、保障房新迁入居民多、矛盾隐患多、迫切需要提升社区服务管理能力的实际情况，设立了警务室、民情意见箱，同时还开通了服务热线，有困难可以在第一时间找民警，有效化解了社区的各种矛盾隐患。推行区域制网格化管理，建立治安、调解、巡逻、安全"四位一体"的群防群治义务巡逻队伍；运用门禁系统APP，实行住户自防、小区联防的社区治安群防群治机制；发挥"五老"巡视组的调解作用，构建"调解员＋志愿者"的矛盾调处模式；注重综治维稳信息的收集分析与研究，实施信息预防，抓早、抓小、抓快，把问题解决在萌芽状态，防止事态扩大与恶化。加强对各类信息的预测，对社区群体性事件坚持普遍预防，采取进小区入户宣传法制、举案说法等多种形式，增强广大群众的守法意识和明辨是非能力，从源头上减少矛盾纠纷及不稳

定群体性事件的发生。对社区重点人员坚持分类管理、区别对待、重点预防。

5服务：服务老、弱、病、残、少

为了社区和谐稳定，居民办事方便、快捷，在社区服务大厅设置了宗教事务服务、劳动就业服务、卫生计生服务、社会事务服务、法律咨询服务5个便民窗口，按照"因事设岗、一人多岗、一专多能"的要求，配备了专职人员为居民提供"一站式"服务。同时，组建社区志愿者队伍针对社区不同人群提供点对点的服务和帮助。社区联系共建单位，共建单位联系社区居民，通过结对帮扶等形式，共建单位深入社区居民，解决居民群众的实际困难。

（二）创新"554"管理模式

综合服务大厅承担了各类基层为民服务项目，包括社会事务、民族宗教、矛盾调解等方面，形成了社区"554"管理模式。

第一个"5"，即五个管理岗位。一是党员服务岗。对社区支部的党员和驻社区党员实行一带一、点对点的服务，实行动态管理。二是社会事务服务岗。对社区老、弱、病、残居民实行面对面的服务。三是劳动就业服务岗。通过入户走访、宣传登记等方式，对居民的求职信息进行收集和整理，将他们通过社区驰骋家政服务有限公司牵线搭桥推荐到周边企业解决就业。同时搭建平台，定期请区就业局的专业人员进社区开展技能培训讲座，帮助求职居民树立正确的应聘心态，目前成功推荐就业50余人。四是卫生计生服务岗。依托社区内的社会养老服务中心和日间照料中心，为社区留出保底床位20余张，向社区内特困、空巢老人无偿提供日间照料服务。社区卫生计生服务站不定期开展义诊，为社区居民提供免费的身体检查，并且提供术后随访上门服务，做到一户一登记、一人一档案，提高居民健康意识。为计划生育家提供优质服务，对新婚夫妇免费提供孕前优生检查。五是法律咨询服务岗。社区设立专职法律顾问，为社区弱势群体的法律维权提供保障。

第二个"5"，即五项个性化服务。一是利用"智慧党建"平台对党员进行个性化的信息登记和管理，发挥党员的先锋模范作用。二是家政缴费电商服务。利用网络平台实现不出社区就可以完成水费、电费的缴纳，为居民提供快捷、方便的"一站式"服务。三是健康养老服务。利用社区卫生服务站和日间照料中心平台，实行"医养结合"，着力实现小病不出社区的目标，解决了群众的就医难问题，同时提供一个养生、康复、休息等服务平台。四是劳动就业维权服务。利用社区家政服务有限公司和法律咨询服务平台，提高社区居民维权意识，并推荐50余人的就业。五是文教服务。利用社区讲习所，邀请讲师讲党的十九大精神，用喜闻乐见的方式把党的精神传到每家每户，把党的声音传达给每个群众，认真开展"两学一做"学习教育；利用四点半学校、科普学校、老年学校、图书室等为社区居民提供一个学习和交流的平台，更进一步提高居民的综合素质和文化水平，让群众学深学透党的方针政策和法律法规；利用道德讲堂组织社区居民开展"孝老爱亲""文明礼仪""先进人物事迹"的宣讲课堂。

"4"即四方位管理体系。一是治安警务。做好社区以及社会稳定的基本保障，联合片警组建社区义务巡逻队，联合物管保安制定24小时巡逻机制。加大宣传力度，对社区人员、经营场所进行不定期排查。

二是天网工程。充分运用大数据平台，全面推行社区网格化管理，将社区分为若干格（小组），每个网格（小组）设网格长1名、网格员1到2名，采取"五个一"工作方式（入户调查不漏一户、信息各建一档、一个便民联系卡、一个民情意见箱、一个民情服务热线）。推行"一区一警"模式、社区天网工程，整合公安、综治、民政、安监等职能部门资源，破除各自为政的短板，推动平台建设由分散型向统一型转变，管理方式由被动型向主动型转变，人车管理由静态型向动态型转变，安防理念由管理型向服务型转变，指挥响应由单一性向合成型转变，通过大数据平台实行全方位的信息管理和服务。三是流动人口管理。社区人口主要来自各乡镇移民搬迁户，人口复杂，人在户不在，针对这一特殊情况，实行动态管理和上门服务。四是矛盾纠纷调解。建立

2018年10月17日，居委会主任姚小兰向调研五组介绍社区的四点半学校。

矛盾纠纷调解长效机制，成立人民调解委员会，小事不出组，大事不出社区，将矛盾化解在萌芽状态。

(三) 构建"一核多元"社区共治模式

以社区党支部为中心，召集居委会、业主委员会、物业管理公司、驻社区单位、社会组织等多方参与组成"一核多元"社区共治机制。以更好地为社区居民服务为着力点，同时注重培育和发展社区服务型、公益型、互助型社会组织，在社区组建邻里协会、太极拳协会、广场舞协会、书画协会等社会组织，改变过去社区唱"独角戏"的现象。通过搭建多元平台，不仅把社区内的机关、团体、企事业单位等组织发动起来，还带动社区居民参与其中，初步形成和谐共有、居民共商、组织共建、政社共治、成果共享的社区治理新格局。支部以科学发展观为统揽，紧紧围绕"1＋N"的工作理念，以"全心全意为人民服务"为宗旨，带领广大党员干部，充分发挥党组织的战斗堡垒作用和先进模范带头作用。不断加强基层党组织建设，用真心、热心、贴心、耐心来服务老百姓，让他们感受到冲广坪这个大家庭的温暖。

四、存在问题及原因分析

(一) 社区治理结构需要进一步转型

调研中，居委会主任姚小兰说道："我觉得现在社区的负担挺大、工作量挺大，我们社区人手少，精力肯定没那么多，也不专业，所以很多事情做了，但是做不精。"这反映出社区居委会难以更好地履行当前职能。究其原因，有以下几点。一是居委会人员数量少，居委会专职人员共有7人，社区有居民4438人。二是居委会、社区党委、社区服务中心职责不是很明确，居委会与社区服务中心合为一体，承担了很多公共服务职能。社区居委会作为群众自治组织，原则上只承担居民自我管理的任务。

（二）社区运行模式需要进一步转型

冲广坪社区成立时间仅有两年多，又属于相对欠发达地区，整体发展水平低于东部发达地区，社区运行模式还有待进一步完善。一方面，冲广坪社区的运行主要依赖社区居委会的力量，缺乏企业参与，没有很好地发挥市场作用。另一方面，虽然冲广坪社区居委会组建了一些社会组织，例如太极拳协会、广场舞协会等，但实际上主要是满足了部分居民的文化活动需求，在推动社区运行和提供社区服务方面发挥的作用不大。与之形成对比的是，团区委在冲广坪社区建立的仁益之家，其定位是服务社区居民。仁益之家的志愿者主要来自高校学生和周边学校教师。团区委干部谭幂说："我们的这些志愿者开展的这些活动多半依托的是那些高校志愿者，有铜仁学院的、铜仁幼专的，都是依托我们本市的那些高校，然后组织他们过来开展一些暑假的或者是周末的这样一些服务活动。"

（三）社区共治机制需要进一步转型

冲广坪社区先后成立了监督委员会、"五老"巡视组，他们在社区服务中发挥了重要的作用，但是由于建立时间不长，人员能力有限，还没能充分发挥出预计的作用，离上级的要求、群众的期盼还存在一定的差距。一是在新的工作面前，他们的工作水平与群众要求存在差距，工作水平达不到工作要求。二是与居民个别交谈和巡查过程中反映出来的问题，大部分需要区直有关部门解决，要想达到及时、彻底解决难度较大。

五、对策与建议

（一）大力推动服务型党组织建设

推进街道和社区区域化党建，实现城市街道大工委制、社区大党委制全覆盖，着力规范驻区单位党组织和帮扶干部有效发挥作用的运行机制，做到资源共享、信息互通、服务共担。加强服务骨干队伍建设，按照服务热情高、服务意识强、服务能力强的标准，抓好基层党组织书记选配，抓好带头人队伍建设。以服务改革、服务发展、服务民生、服务群众、服务党员为主要内容，在服务中不断强化基层党组织的领导核心作用。

（二）着力提升社会化服务效能

深化公共服务供给方式改革，规范向社会组织、服务机构购买服务的行为，完善监管制度、投入制度及增长机制，保障政府购买服务的有序实施和效益提升，不断提高基本公共服务产品供给能力和服务水平。进一步改革社会组织服务管理方式，建立基层枢纽型社会组织，组织衔接、扶持引导各类社会组织以群众需求为导向，开发并提供公益性、社会化的服务产品，满足居民多元化的服务需求。强化街道和社区对业主委员会、物业企业等社区服务性构的指导机协调与监督功能。理顺居委与业委会的关系，提高社区自治的能

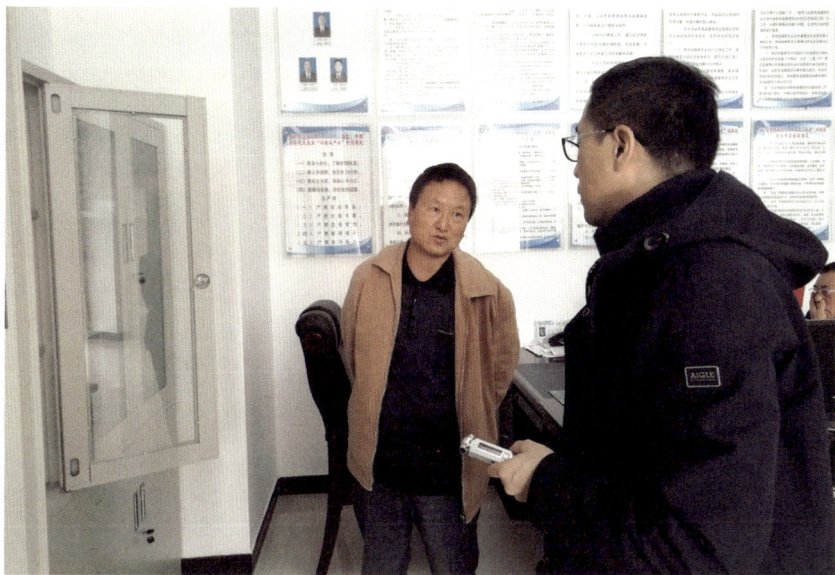

2018年10月17日，"五老"巡视组组长田茂文向调研五组介绍五老巡视组。

力和水平。加快基层协商民主的制度建设，完善基层政府组织与居民群众、自治组织的协商制度，明确各级推行行政管理事务与社区居民协商的范围和责任。

（三）积极推动网格化与信息化的融合

以网格为基础，全面、系统、动态地采集人、地、物、事、组织以及群众诉求等各类基层社会治理要素，建立全市基层社会治理大数据库，为领导决策、部门行政、公共服务提供基础信息保证。运用大数据分析，适时回应社会需求，实现城乡基层社会的动态管理、及时管理、扁平化管理和公共服务的直通，提高社会面的防控能力和公共服务水平。整合现有信息网络资源，解决基层信息系统多、重复采集录入、浪费人力财力等问题，利用网格化服务管理基础信息库的数据，构建部门信息资源的共享互动机制，实现各部门之间的信息整合，为相关各方及时准确掌握社会动态、跟进服务管理、提高行政效能提供信息支撑。

参考文献

1. 郭献功：《城市社区：引领治理创新》，《河南日报》2017年7月。

2. 陈晓原：《以居委会改革提升社区自治能力》，《国家治理周刊》2015年9月。

3. 谢桥街道冲广坪社区：《谢桥街道冲广坪社区工作汇报》，2018。

4. 谢桥街道冲广坪社区：《万山区冲广坪社区智能平安小区介绍》，2018。

5. 谢桥街道冲广坪社区：《万山区冲广坪社区智能平安小区简介》，2018。

6. 谢桥街道冲广坪社区：《冲广坪社区"554"管理模式》，2018。

7. 谢桥街道冲广坪社区：《冲广坪社区"12345"工作思路》，2018。

8. 谢桥街道冲广坪社区：《谢桥街道办事处冲广坪社区居委会资料（2017年度）》，2018。

9. 谢桥街道冲广坪社区：《万山人大及其常委会年鉴（2011）材料》。

10. 铜仁市万山区转型可持续发展大调研组：《万山区谢桥街道社区调研简报》，2018。

各族人民载歌载舞，共同欢庆美好生活，奏响新时代的乐章。美丽的少女跳起欢快的舞蹈，共同庆祝万山的美好时代。

老楼承载着谢桥农业服务的岁月，如今已经破败不堪，藤蔓已经布满屋顶，而老楼的不远处，一座座高楼拔地而起，新的时代与旧的岁月交汇在这片大地之上。

在这个充满新意的广场上，摆放着一座老旧的碾子，似乎诉说着
这片土地过去大生产的岁月。

以开展文化文明活动为突破口
提升移民社会融入水平

——谢桥中心社区调研报告

　　2018年10月20~21日，铜仁市万山区转型可持续发展大调研第五小组成员秦坚松、蒋璞赴谢桥街道谢桥中心社区开展调研活动，谢桥中心社区居委会主任龙斐陪同调研。20日上午，参观走访了万和星城和木杉河湿地公园，并组织召开了以谢桥中心社区转型发展为主题的座谈会，社区居委会主任龙斐、社区居委会副主任王猛、社区居委会委员姚珊参会。20日下午访谈了谢桥中心社区第一届居委会主任张世英。21日访谈了原谢桥粮管所支部书记廖如保、环卫工人（原供销社营业员）杨再文。24日补充访谈了谢桥中心社区居委会支部书记周化照。先后发放、回收问卷11份，群众对当前生活比较满意，深切感受到万山区的发展变化。收集到《谢桥街道中心社区工作汇报》《2017年谢桥中心社区居委会工作计划》《2017年谢桥中心社区居委会每月重点工作》《2018年谢桥中心社区居委会工作计划》《2018年谢桥中心社区居委会每月重点工作》《2018简报53期》等资料。

　　通过调研，调研组认为谢桥中心社区是一个典型的老旧社区和移民社区，需要实施社区精细化管理，着力破解停车、城市卫生管理、移民融入等瓶颈问题，实现老旧社区服务管理转型。

一、基本概况与历史沿革

（一）基本信息

谢桥中心社区成立于1990年12月，海拔400米左右，面积约为0.86平方公里，位于谢桥街道的西南方，与谢桥社区和冲广坪社区交界，是谢桥街道的政治、经济、文化中心，属于城镇社区，非贫困村，无贫困人口。谢桥中心社区目前有1397户4187人，有汉、侗、土家、苗、畲、仡佬、蒙古、回、彝等民族，以杨、张、田、蒲等姓氏为主，共有26名党员。社区有358名60岁以上的老人，8名90岁以上的老人（不含移民），没有100岁以上的老人，没有"三无"老人，外出务工人员很少。居民主要居住在梵净山大道两旁，形成4个院落，分别是万和星城、香悦公馆、南溪苑、原老办事处宿舍楼，另有城南驿无实质性小区[①]，由中心社区居委会代管，等到城南驿社区成立临时党支部后，中心社区居委会干部就会撤回。

（二）基层组织

社区现有工作人员7人，周化照是社区支部书记，龙斐是社区居委会主任，刘羽是社区支部副书记，王猛是社区居委会副主任，邓亚玲、代勤芬、姚珊是社区居委会委员。谢桥中心社区居务监督委员会共有3

---

① 无实质性小区，即城南驿小区还没有成立社区居委会。

名成员，分别是监督委员会主任廖如保，监督委员会委员李伟运和杨再文。驻社区干部分别为谢桥街道农业服务中心主任田蜜、谢桥街道统计站负责人吴玉琼、谢桥街道党建办负责人何娅飞。

（三）社区特色

谢桥中心社区最初从谢桥社区划分出来时起名为中心社区，但未能通过审批，于是起名为谢桥中心社区。辖区内有行政事业单位6个、私营企业30家、学校（含私立幼儿园）1所，还有木杉河湿地公园、万山区体育馆、朱砂大酒店等重要地标。

二、基础条件与优势特色

（一）基础设施

目前，谢桥中心社区已接通自来水、电和互联网，辖区内主要道路是金鳞大道和莲花大道，绿化率达40%左右，能绿化的地方都绿化了。新盖居民楼已铺设燃气管网，老楼未铺设燃气管网，都还没有接通燃气。当谈到万山的发展变化时，环卫工人杨再文说："万山的变化肯定很大的。以前就是外面这一条公路，有现在的公路一半宽，现在修了很多公路，才有了我们这些环卫工人。现在河两边还新修了公园。"

（二）公共服务设施

社区公共服务设施配置基本完善。辖区内有1所公办小学、1个体育广场、1个万山区体育馆、1所公办养老院、1所民办养老院、一个社区日间照料室，缺少居民娱乐场地。原谢桥粮管所支部书记廖如保说：

"以前走在公路上都是一片黑，看不到路，那是4年前谢桥的状况，现在不管走在哪里，到处都是亮堂堂的，很舒服的，就像白天一样。"

（三）外出务工和居民公约

谢桥中心社区成立之初，它管理服务的对象全是城镇居民，在外务工的人相对来说比较少。当时，有的人在父母退休以后顶替上班，或者就近务工，外出务工的人很少。

谢桥中心社区共形成了九条居民公约。

1.爱党、爱国、爱社区，认真履行公民的各种义务。团结一致为物质文明、精神文明、政治文明做贡献。

2.学法、用法、守规章。自觉维护社会治安和公共秩序，搞好群防群治，遇到险情要见义勇为，敢于同一切坏人坏事做斗争。

2018年10月20日，调研五组成员驻足观看谢桥社区宣传栏。

3. 讲文明，树新风。反对各种封建迷信活动，坚持铲除邪教和非法组织。维护社会安全。

4. 学文化，讲科学。积极开展多种多样健康有益的活动。不看污秽书刊和录像。不参加赌博和吸毒活动。不做伤风败俗之事。

5. 自觉执行计划生活政策。提倡晚婚晚育、移风易俗。喜丧事不大操大办。

6. 爱护公共设施，搞好公共卫生，自觉维护社会公共利益，净化、美化、亮化、优化环境。

7. 家庭和睦、邻里团结、有礼貌、居民之间互谅互让、互相关照。

8. 任何单位和个人不得在社区乱搭乱建和噪声扰民。不得在社区内搞经营活动，经批准的营业网点必须以社区居委会的名义开设。

9. 遵守社会公德，敬老爱幼，教育好子女，争做好家庭，共建五好门栋，人人争当好居民。

三、实践探索与经验模式

（一）形成"五心"工作机制，全力服务好社区居民

谢桥中心社区致力于全心全意为人民服务，形成了上门交心、化解矛盾顺心、送学上门净心、扶贫济困暖心、帮助再就业安心的"五心"工作机制，从帮思想、帮学习、帮生活、帮就业入手，增强社区党员群众参加组织生活的自觉性，立足实际发挥先锋模范作用积极性，推动了社区党员群众的教育。社区干部特别重视服务好社区群众。调研中感受最深的是谢桥中心居委会特别强调要用心服务，支部书记周化照说："搞好社区服务就一个字：心。要用心去服务，不用心服

务干啥事都干不长。经济条件好的，我们也是用这样的心；经济条件不好的，我们也是用同样的心。不能经济条件好的，服务就热情一点；经济条件不好的，服务就差一点，不能这样！"社区居委会主任龙斐也说道："要热心、用心、细心，提供最好的服务，以最好的精神状态干好每件事。"正是因为用心服务，社区居委会赢得了社区居民的广泛认可。

（二）完善四类制度体系，促进社区管理规范化

作为谢桥街道成立比较早的城市社区，谢桥中心社区在长期的工作中探索建立了覆盖全面的制度体系，并在工作中不断完善。健全的制度为社区干部开展好社区工作提供了有力的制度保障。在组织建设方面，形成了《社区党支部换届选举办法》《社区居委会换届选举办法》《社区监督委员会居民代表选举办法》，分别规定了党支部、居委会和监督委员会成员选举产生办法，提升了选人用人的规范性和制度性，为选拔出合适的人提供了有力的制度保障，有助于健全社区基层组织的人力资源体系。在居务公开方面，形成了《居务公开制度》《社区监督委员会制度》《居务监督委员会台账》《监督委员会民意征询制度》，明确规定哪些居务需要公开，哪些居务不需要公开，居务怎么公开，谁来监督居务公开。在民主决策方面，形成了《中心社区居民会议制度》《中心社区居民代表会议制度》《社区民主决策制度》《社区决策责任追究制度》《社区居委会居民代表联系户制度》《居民代表联系花名册》，对民主决策主体、民主决策程序、重大事项内容等具体事宜做出了详细规定，为社区民主决策工作提供了明确的制度依循。在综合管理方面，形成了《社区居民公约》《社区居民自治章程》《社区财

务管理制度》《社区档案管理制度》《社区公章使用制度》《公章使用登记记录》《社区干部公章交接清单》，从居民自治、财务、档案、公章等多个方面梳理了社区工作，充分把民主管理融入社区日常工作，用制度和台账保障了社区工作能够扎实有序推进。

（三）把握五项监督内容，切实发挥监委会作用

为了更好地发挥社区监督委员会的作用，谢桥中心社区主要明确了监委会重点从居委会工作中的五项重要内容开展监督工作。一是对日常居务公开情况进行监督，包括财务收支、水电费收缴等涉及居民利益的工作。二是对居务决策进行监督，包括社区级财务预决算、社区有关人员报酬和务工补贴的确定与发放等事项。三是对上级下拨的各种资金和款项的安排使用进行监督。包括救灾救济、居民低保、临

2018年10月20日，调研五组访谈谢桥中心社区第一届社区居委会主任张世英。

时困难救助等。四是对居民会议或居民代表会议的决议是否及时、准确执行等情况进行监督。五是对居民委员会成员廉洁履行职责情况进行监督等。社区监委会成员廖如保说："对居委会在执行党的政策方面，比如困难户政策落实方面，我们要进行监督，如果居委会不执行党的政策，搞人情关系，我们要提出意见，履行监督职责。"

为切实落实监督职责，谢桥中心社区明确规定了社区监督委员会工作记录内容，包括社区监督委员会成员学习情况、履行监督职责情况、社区有关情况、反映社情民意情况以及帮助社区"两委"工作情况。同时，要求社区监督委员会成员认真填写工作记录，及时、真实、具体、全面记载每项工作、每次会议情况等。社区监督委员会工作记录作为社区监督委员会成员履职的原始凭证，存入社区档案备查。社区监委会成员杨再文说："我们的一项重要工作就是看他们怎么工作，并做好记录，记录他们一天做了什么，切实起到监督的作用"。

四、存在问题及原因分析

谢桥中心社区是一个老旧社区，也是一个移民社区。既存在着老旧社区的普遍性问题，也存在着移民社区的特殊问题。

(一) 老旧社区服务管理瓶颈有待突破

据谢桥中心社区原居委会主任龙斐反映，对于谢桥中心社区来说，最突出的问题有三个。一是停车难。南溪苑小区由于2017年洪灾，地下停车场被淹，至今仍未清理，不能正常使用。社区干部多次联系开发商，商量无果，导致小区的消防通道长期被私家车占用，院内车辆乱停乱放，僵尸车无人管理。调研时，谢桥中心社区原居委会主任张世英也曾提到，"卖菜的，停车的，占了消防通道"。二是卫生环境管理存在难点。唐家寨路口（益仁康药房）临街门面，长期聚集大量老年人打纸牌，随意丢弃烟头、果皮、纸屑及吐痰。居民在小区大门前乱摆摊点，影响其他居民的正常出行，同时，摊点产生了各种垃圾，造成环境卫生质量下降。三是社区居委会办公条件比较差。社区居委会作为基层公共服务的重要力量，办公楼还是老式办公楼，使用年限已经很长，各类配套设施比冲广坪等新建社区的条件差距较大，一定程度上影响了公共服务供给。

（二）移民融入水平需要进一步提升

安置在谢桥中心社区的移民共分布在三栋楼，其中一栋楼的移民来自万山区，另外两栋楼的移民来自石阡县。调研组在采访社区支部书记周化照时，他指出谢桥中心社区除了存在一些老旧小区的普遍性问题之外，还存在一些移民小区的典型问题。谢桥中心的移民问题主要体现在两个方面。一是移民之间的矛盾问题。谢桥中心社区的移民主要来自万山区和石阡县，万山区移民集中在一栋楼，石阡县移民比较多，集中在两栋楼。两地移民来自不同的区域，陌生的环境促使移民以宗族和地域抱团取暖，加之两地移民分开集中居住，双方缺少沟通交流，这些导致他们之间产生了一些隔阂。社区支部书记周化照说："我发现苗头就是有点排外，假如这栋楼的保洁员不是他们本地的，他就乱整。"二是移民行为习惯有待转变。受移民自身的行为习惯、文化水平等因素影响，他们还不是非常适应城市生活。部分移民长期生活在农村，尤其是中年人和老年人，不知道或者不适应城市的基本规则，例如横穿马路、闯红灯、不走斑马线，不把垃圾扔进垃圾桶。社区支部书记周化照说："我们有垃圾箱的，但是他就把垃圾打包放在家门口，有的记住了提下去，就放在一楼那个角落，甚至很少数的人在家里乱扔习惯了，从空中、从屋上就扔出去了，我亲眼看到过几次。"

五、对策与建议

（一）着力推进老旧社区服务管理转型

1. 充分发挥属地街道作用。建立条块结合、属地统筹的老旧小区管理联席会议制度，由属地街道办事处负责召集，居民委员会、居民代表、相关专业经营单位和行政主管部门、专业监管部门、物业管理单位参加，协调解决老旧小区管理过程中出现的各种问题。明确街道办事处主管领导和工作部门，负责辖区内老旧小区物业管理长效机制建设工作，加强与相关部门、单位的沟通协调和对居委会工作的指导、协助和支持。调动居委会的工作积极性，充分发挥居委会的潜力，推进老旧小区物业管理长效机制建设工作。加强与物业管理单位的互动，发挥街道办的组织协调能力。

2. 推进社区管理精细化。按照精细化管理的要求，把辖区所有公共环境设施、市政基础设施、静态交通设施、市容景观设施等城市家具，按照各街道的网格单元划分为若干个"城市部件"，分类编码细化，进一步摸清城市管理部件、事件底数及责任主体、权属主体，完善基础数据库。建立起覆盖城市管理和作业各方面、各行业的考核标准，应从市容市貌、环境卫生、城市家具管理、绿地管理、居民小区管理、建筑工地管理等方面，制定详细的考核评价标准和作业标准，并将过

2018年10月20日，居委会主任龙斐带领调研五组参观体育馆。

去一般的工作纪律要求、工作定性要求转向责任落实、行为规范、服务质量和工作效率指标上，对相关工作进行科学、规范、实事求是的考核评价。

3. 着力机制建设，打造准物业管理模式。形成街道牵头、社区居委会实施、监督委员会监督、物业公司运营"四位一体"的新型综合管理体制，逐步理顺政府、社区、产权单位和业主等各方关系，建立政社协同联动、物业服务完善、业主自治有序的责任体系。

4. 加大资源投入和政策配套力度。加大区级的配套资金，加强对老旧小区的政策支持，改善社区居委会办公条件，实现社区服务设施的标准化配备，避免大量的资金和资源投入个别示范小区，忽视谢桥中心社区这类老旧社区。

5. 改进停车设施建设和管理。依法规范停车秩序，治理违章停车，严格占道停车管理。扩大单位与周边居住区停车资源共享覆盖面，优先缓解居民停车困难，提高停车资源利用效率。适当增加居住区停车位数量，以立体化停车为导向，鼓励社会资本进入停车设施建设、运营、管理领域，推行合理停车共享模式。

（二）着力提升移民社会融入水平

1. 引导移民参与社区公共事务，消除客居心态。一是在社区决策管理方面，按照社区各类规章制度，通过积极引导广大移民参与社区重大事项决策，鼓励移民积极建言献策，有序吸纳优秀的移民进入党支部、居委会和监委会等措施，着力增强移民主人翁意识，使其成为社区生活的主体。二是在社区公共活动方面，利用九九重阳节、三八妇女节等重大节日，举办各类公共文化活动，吸引社区居民参与，加强居民之间的交流和沟通。同时要进一步完善基础公共文化设施，为社区开展公共文化活动提供良好的硬件基础。

2. 加强居民精神文明建设。一是开展文明社区、五星家庭等主题精神文明创建活动，增强移民文明素养。同时，借助洗衣粉等小礼品和门前挂牌等精神奖，增强群众参与积极性。二是通过社区教育，例如新时代市民讲习所、宣传栏等多种方式，加大对社区居民的宣传教育力度，培养移民的现代意识和文明行为，让移民从心理上接受现代文明和城镇生活方式，在潜移默化中改造移民的思想意识和价值观。

3. 建立完善有效的社会支持网络。针对移民的需求在心理上、经济上、教育培训上提供形式多样的帮助，并为移民提供相互交流、参与社区事务的机会，增进社区居民间的认同。各级政府要本着以人为本、和谐共荣的理念，在制度安排上向移民有所倾斜，如企业要在接受和安排移民就业方面承担一定社会责任，社会成员应以开放、宽容的心态平等地与移民交往。

参考文献

1. 北京国际城市发展研究院 :《"十三五"时期西城区环境建设研究》, 2015。
2. 北京国际城市发展研究院 :《"十三五"时期西城区老旧小区物业管理中存在的问题及措施研究》, 2015。
3. 铜仁市万山区转型可持续发展大调研组 :《万山区谢桥街道谢桥中心社区调研简报》, 2018。
4. 桥街道谢桥中心社区 :《谢桥街道中心社区工作汇报》, 2018。
5. 桥街道谢桥中心社区 :《2017年谢桥中心社区居委会工作计划》。
6. 桥街道谢桥中心社区 :《2017年谢桥中心社区居委会每月重点工作》。
7. 桥街道谢桥中心社区 :《2018年谢桥中心社区居委会工作计划》。
8. 桥街道谢桥中心社区 :《2018年谢桥中心社区居委会每月重点工作》。

缓缓地穿过历史的长廊，倾听这里曾经的故事，那一幅幅画面似乎又呈现在眼前，寒来暑往，沧海桑田，那人那事那物俱往矣。

那栋高高耸起的小楼，林荫的绿道和奇美的盆景，构成了一幅幅美丽的画卷，为这个城市增添了一份回忆。

梦回学生时代，追忆恰同学少年，那些穿着校服乱窜嬉闹的日子
历历在目。

"一核多元"提升社区服务管理水平

——谢桥社区调研报告

2018年10月22~23日，万山区转型可持续发展大调研第五小组成员秦坚松、蒋璞赴谢桥街道谢桥社区开展调研活动，谢桥社区居委会支部书记杨影华、主任雷明惺陪同调研。22日上午，调研组参观走访了凯潮溪滨河公园和梵净山酒业，访谈了梵净山酒业董事长张明；22日下午，组织召开了座谈会，谢桥街道纪委副书记杨猛、谢桥社区支部书记杨影华、居委会主任雷明惺、居委会副主任陈建华、支部委员陈智平、居委会委员蒋桂云、监委主任张茂奎、监委委员杨华珍和雷继泽参会。23日，先后访谈了原谢桥村河东组组长、现村监委委员雷继泽，原谢桥村村主任钟建华，商人雷继飞。调研过程中，收集到《万山区谢桥社区2017年精准扶贫建档立卡资料汇编（贫困户识别档案）》《谢桥街道谢桥村2014年、2015年、2017年精准扶贫建档立卡资料汇编》《谢桥街道谢桥社区阵地建设资料汇编（2017）》《谢桥街道谢桥社区主体建设资料汇编（2017）》《谢桥街道谢桥社区保障措施资料汇编（2017）》《谢桥街道谢桥社区基层组织建设资料汇编（2017）》。通过调研，调研组认为谢桥社区是一个典型的由农村向城市社区转型的区域，需要着重解决拆迁安置矛盾和增强城市社区服务管理功能。

一、基本情况与历史沿革

（一）基本信息

谢桥社区位于铜仁市南郊，地处梵净山大道终端。全社区总面积3.75平方公里，耕地面积900余亩，人均收入达5000元。全社区辖7个村民组（代家湾组、上街组、下街组、凯一组、凯二组、河东组、向家组），有7个党小组，524户2523人。社区里居住有汉、侗、土家、畲、苗等7个民族。谢桥社区以陈、刘、雷、杨姓氏为主。70岁以上老人200多人、90岁以上老人2个，社区没有100岁以上老人和"三无"老人。谢桥社区支部书记杨影华介绍，谢桥社区20世纪80、90年代外出务工人员较多，现在已经基本上回来了，目前外出务工人员很少。

（二）精准扶贫情况

谢桥社区现有建档立卡户13户24人。贫困户多无法参与社会劳动生产，享受民政社会保障兜底。从致贫原因看：因残致贫5户8人，因缺劳力3户8人，因缺资金致贫3户8人，因病致贫1户4人。从地域分布看：上街组贫困户1户1人，凯二组贫困户4户7人，下街组贫困户2户2人，凯一组贫困户2户7人，向家组贫困户1户1人，河东组贫困户3户6人，代家湾组贫困户0户0人。2017年贫困发生率为0.9%[①]。

[①] 资料来源：《万山区谢桥社区2017年精准扶贫建档立卡资料汇编（贫困户识别档案）》，2017。

（三）基层组织概况

全社区共有党员数量91名。现任社区居委会党委书记杨影华，居委会主任雷明惺，党支部副书记向可华，居委会副主任陈建华，党支部委员陈智平，居委会委员蒋桂华，居委会委员王清昌，监委会主任张茂奎，监委会委员雷继泽、杨华珍。书记、副书记都是2016年开始任职的，主任、副主任（包括监委会）都是2017年初开始任职的。驻村干部包村领导杨爱虹，驻村干部向红兵，包村干部田甜。社区还建有一支22人的民兵应急分队，指导员由杨影华担任，连长王清昌，副队长姚伦家，一班班长王芳，二班班长易长刚，三班班长陈维，负责抗洪抢险、社会治安、处理突发事件等综合性工作。

（四）社区特色

谢桥社区原名谢桥村，谢桥因姓和桥得名，旧称谢家桥。民间传说杨六郎曾在此卸甲宿营，亦名"卸甲桥"。1996年，正式确定为谢桥行政村。谢桥村原来是一个纯农业村，2004年，谢桥村改建谢桥社区。谢桥村原属于铜仁市碧江区，2011年1月5日，根据《贵州省政府关于同意将铜仁市谢桥街道行政区域划归万山特区管辖的批复》精神，将铜仁市谢桥街道的谢桥、唐家寨、楚溪、龙门坳、石竹、瓦屋坪6个村和谢桥社区居委会划归万山特区管辖。2011年2月28日起，谢桥街道的管辖权由铜仁市正式移交万山特区，谢桥社区正式划入万山区管辖。

社区自然风光主要有凯潮溪、小云南水库（原名溪河）、武陵峰等。社区的支柱产业现在主要是服务业。谢桥传说故事主要是杨六郎卸甲的故事，传说杨六郎行军到城南驿，在这里洗刷马匹，这里的田地由此得名"刷马田"。谢桥原来有木工活的手工技艺，以前专为大户人家做衣柜、桌子等家具，雕龙雕凤，技艺精湛，现在有这种手艺的人年龄已经很大了，这项技艺面临失传危险。2009年，谢桥社区组建了军乐队，但是2016年的洪灾把价值20多万元的音响、乐器等器材都毁了，目前由于资金的问题军乐队一直没有恢复。谢桥社区特色饮食是盘子粉、锅巴粉，盘子粉做法是把米打成粉状，压制成薄皮，切成约60公分长、30公分宽的条，锅巴粉则要厚一些，约1.6毫米厚。

谢桥社区形成了十条村规民约。

1. 要热爱祖国，热爱共产党、热爱社会主义，热爱家乡。

2. 要遵纪守法，不偷盗、不赌博、不坑蒙拐骗、不打架斗殴。

3. 要孝敬父母，履行赡养义务。凡虐待父母，大房小事不给帮之。

4. 要讲卫生，房前屋后、室内室外干净整洁。对乱倒乱扔垃圾者，发现一次罚款100~500元。

2018年10月22日，酿酒的大师傅向调研五组讲述酿酒的技艺。

5. 要尊老爱幼，团结互助，善待妇女和儿童；不得以强欺弱、仗势欺人。

6. 要相信科学，移风易俗，反对封建迷信。

7. 要重视教育，必须至少让孩子读完初中，凡考上大学者，一次奖励2000元。

8. 要男女平等，不得重男轻女。

9. 要积极参与村组集体路、桥、水、坝、库、塘等基础设施建设。

10. 要勤劳致富、勤俭持家，不得好吃懒做、铺张浪费。以上十条，全体村民共同遵守、互相监督。

二、基础条件与优势特色

(一) 谢桥社区具有重要的区位优势

谢桥社区是万山区谢桥街道异地转型的政治、文化、金融商贸中心。社区交通便利，道路四通八达，在其辖区范围内有梵净山大道、金鳞大道、朝阳路、莲花大道、凯潮溪环线，有较为完善的出行设施与交通工具，区位优势显著，各村民小组之间都已完成路面硬化。社区20世纪90年代开始接入城市自来水管网，安全饮用水覆盖率达到100%。社区所有农户和居民都已接入市政供电网。全社区实现移动、联通、电信、铁通信号和4G网络全覆盖。据社区党支部书记杨影华介绍，全社区除房屋和道路外基本全绿化，生态环境良好。

(二) 谢桥社区服务设施基本完备

谢桥社区辖域内有铜仁市第八中学、铜仁市第八中学分校、铜仁市第十七中学、铜仁市第二十二小学、万山区委党校。谢桥社区有万山区人民医院、谢桥卫生院。谢桥社区在城南驿有区民政局公办养老院1座。谢桥社区在凯潮溪公园、代家湾等地有几处小广场，大型活动则可以借用八中体育馆。谢桥社区服务中心内部设有综合服务大厅，设置了学员服务、劳动就业服务、卫生计生服务、社会事务服务、法律咨询服务5个服务窗口，同时设有防灾减灾室、四点半学校、图书室、卫生室、警务室、日间照料室、学员活动室、干群连心室、儿童快乐家园、矛盾纠纷调解中心和多功能会议室等功能室。

（三）谢桥社区重点建设项目集中

谢桥社区辖域范围内有万山区委党校，2012年铜仁市第八中学项目落地谢桥村谢桥上街。目前重点建设道路莲花大道、铜玉松（铜仁、玉屏、松桃）干道通过谢桥社区辖区内，凯潮溪滨河公园一期、凯潮溪步行街已经建成，城南驿搬迁移民点、小云南水库、区十七中、区二十二小正在建设，五星级酒店凯潮大酒店已于2019年6月建成。凯潮大酒店承建商负责人雷继飞认为，这些重点建设项目将全面提升谢桥社区的城市品质，为谢桥社区未来的转型发展奠定了重要基础。随着这些项目的建设落成，谢桥社区将逐渐真正由城中村转变为名副其实的城市社区。

（四）集体资产有一定发展空间

目前谢桥社区还有700平方米集体资产，河东组、向家组、凯一组、凯二组、上街组、代家湾组6个村民组仍有集体资产，可以用于办公用房修建或者向外出租。杨影华书记向调研组介绍，在万山区委党校旁边还有面积12亩的地块属于谢桥社区集体所有，目前计划进行商业开发。据初步测算，预计可以形成28000平方米的商业超市面积。据社区监委会委员杨华珍介绍，谢桥上街组在铜仁市第八中学后面仍留有300余亩荒地，可用于开发建设。

三、实践探索与经验模式

(一)"一核多元"的服务管理框架基本确立

谢桥社区根据万山区的要求，初步建立了"一核多元"的服务管理体系。以社区党总支为核心，下设社区居委会、社区服务中心、社区工作站。社区居委会负责居民自治、居民议事会、业主委员会、楼栋长，社区工作站下设服务管理、网格站、便民服务大厅，社区服务中心下设综治服务中心、志愿服务中心、法律援助中心、卫生服务中心、日间照料中心。社区党总支协调管理社区社会组织、矛盾纠纷调解委员会、民兵应急分队、驻辖区企事业单位。通过社区服务中心联接其他各服务中心，联接社区村民和各企业事业单位；综治服务中心负责维护社区稳定、平安建设和治安综合治理；志愿服务中心为社区在职党员、大学生、社区群众及其他社会组织提供多元化志愿服务平台和爱心积分兑换；法律援助中心负责为社区群众提供多元化法律服务，为零发案小区创建、平安小区创建提供保障；卫生计生服务中心负责与辖区医院联合在辖区内定期或不定期开展专家义诊、义务献血、免费体检等活动，为辖区群众提供健康指导。

（二）明确了精准脱贫路径与目标责任

谢桥社区根据上级脱贫要求和任务安排，确定了脱贫了三个一批的脱贫路径。一是发展生产脱贫一批。对有技术、有劳动力的精准贫困户，鼓励通过发展产业，走上致富之路。二是生态补偿脱贫一批。2017年谢桥社区安排1名有劳动力的精准扶贫对象户为护林员，做好森林防火工作。三是社会保障兜底一批。以应保尽保、按标施保、按户施保为基本原则，严格按照三环节、十步骤的程序有序推进谢桥社区两线合一核查指标和因灾致贫群众的最低生活保障工作。谢桥社区还确立了明确的脱贫工作目标：2016~2018年同比收入实现稳步增长，通村道路畅通无阻，安全饮水覆盖率100%，电力覆盖率100%，标准化村卫生室达标合格。构建起了谢桥社区脱贫攻坚村、组、户、人四级任务链、责任链（见图1），明确了责任人和责任分工，确保每个建档立卡户都有专人负责。

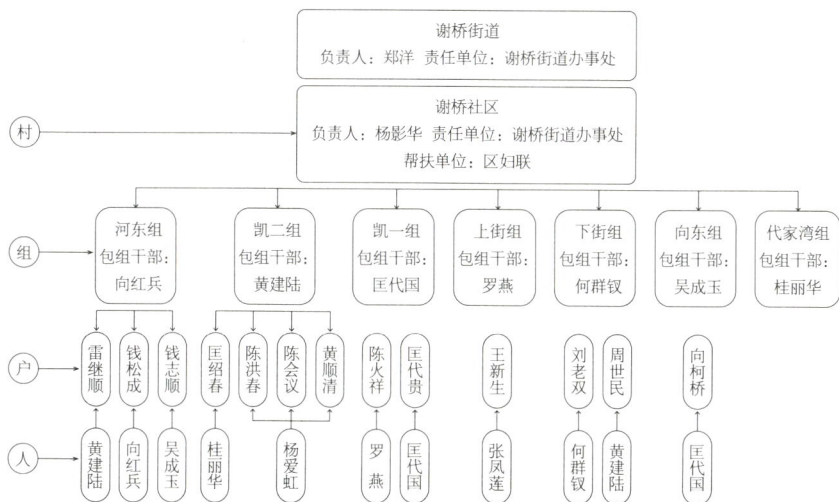

图1 谢桥街道谢桥社区脱贫攻坚任务链、责任链

2018年10月22日，净山酒业董事长张明等人陪同调研五组参观净山酒业的酒窖。

四、存在问题与难点

（一）项目征地拆迁矛盾比较集中

谢桥社区市级、区级重点项目集中，这些项目征地拆迁任务繁重，由于前后拆迁安置政策的不一致，导致矛盾比较突出。原谢桥村村主任钟建华向调研组介绍了万山拆迁安置政策的变化情况。2014年之前，村民原有住房如果为80~120平方米，给120平方米安置房，原有住房为120~180平方米，给两套安置房，同时再给每平方米800元补贴（不含装修费），村民同时享有房产权和土地所有权，同时拥有房产证和土地证。2015年之后，由于提升城市品质的需要，不再建设安置房，对拆迁移民安置主要采取两种方式：一是采取一次性买断的方式，给予每平方米2800元的安置款（不含装修费），村民可以到其他地方购买商品房；二是采取以房易房的方式，原有面积在120平方米以内的，给予40平方米的商铺补偿；120平方米以上的给予70平方米的商铺补偿。2014年前安置房同时享受房产权与土地使用权，2015年之后的拆迁安置不再同时享受房产权与土地使用权。2015年前的安置房如果按市场价格转让，比2015年后购置的商品房价格高出很多，因此村民对现有政策有一些不同看法，拆迁安置矛盾比较突出。

（二）失地农民安置存在难点

土地承担着为农民提供生产、生活资料及社会保障的双重职能，对农村的政治稳定、经济发展及全社会的稳定发挥着至关重要的作用。土地对农民来说不仅是一种资源，更是一种生产资料和生活资料，是他们的命根子。农民失去土地，相当于失去了生活保障。谢桥社区由农村转型成为城市社区后，原来农民的土地已经非常少，集体资产所剩不多，居委会设想的商贸等产业还没有发展起来，如何维持失地农民的长久生计是摆在谢桥社区面前的重大问题。

（三）农村社区亟待向城市社区转型

作为基层组织，居委会是社区管理的重要支撑。但从当前谢桥社区村改居来看，其基本上是简单的翻牌"村改居"社区，运行机制仍然依靠原来的村"两委"体制。虽然在地域空间上已经成为城市有机体的一部分，但至今一直沿用村委会的管理模式，居民的生活状态、思想观念依然停留在改居之前，至今无法很好地融入城市生活。在新社区管理上，居委会和村委会权力界限模糊、职责不清，服务职能和管理职能混乱。据社区居委会党支部书记杨影华介绍，目前社区虽然名义上已经成为城市社区，但是居委会所做的事情更多的是项目建设相关工作，尤其是征地拆迁工作，居委会工作重心不在社区服务管理，投入的人力、物力较少，城市区域社会服务管理功能的建设还处于初级阶段，还不具备服务居民的基本功能。在实地调研过程中，调研组还发现社区虽然设有志愿服务中心、法律援助中心、卫生服务中心、日间照料中心，但是这些设施并没有真正发挥作用，使用效率不高，基本没有居民使用。针对老人的日间照料中心设置不合理，其楼层设置在最高层，老人使用非常不便。从这些现象都可以看出，谢桥社区居委会还没有实现向一个真正城市社区居委会的转型。

五、对策与建议

（一）着力解决拆迁安置矛盾

1. 强化宣传教育，营造良好氛围。要想做好征地拆迁工作，首要工作就是做好法制宣传。在具体宣传过程中，一方面要着重对工程开展的重要性进行说明，赢得被征地或拆迁户的理解和支持。宣传中应做到有理有据，从多个角度、多个侧面讲解，宣传方法上要有效运用换位思考方法。另一方面，对征地搬迁中涉及的法律、法规全面而具体地列明，如包括三方权利、义务的法律法规，增强征地拆迁工作的透明度，最大限度减少腐败，为征地搬迁营造良好的法制氛围。区级政法部门应及早介入，采取巡回演讲、普法讲座、普法宣传等方式进行有关征地拆迁方面的法律知识宣传，让群众知法、懂法，能够运用法律监督执法者，用法律维护自己的合法权益，为征地搬迁工作的顺利开展打下良好的法制基础。

2018年10月23日，支部书记杨影华向调研五组介绍步行街。

2. 建立公开、公平、公正的监督评价体系。征地拆迁工作要想落实得快速、有序、有理、有节，就需要政府主管部门、居委会、居民小组等有关单位或组织的支持和帮助，按照既定程序开展准备工作。建立公开、公平、公正的监督体系，包括发布征地拆迁公告，详实介绍征地拆迁范围、征地拆迁补偿方式、征地补偿标准、拆迁补偿标准、后续保障性措施、委托评估的第三方中介机构、监督投诉电话，等等。建立科学的土地评价制度，形成系统的评价流程，对外公开，对内有效约束，保证各项工作公开、公平、公正地进行。

3. 有效规范征地拆迁行为。从本质上讲，征地拆迁本身就是国家为了公共利益的需要，依法征收集体所有的土地，单位、个人所有的房屋及其他不动产的一项重要工作。所以有效规范行政行为是做好征地拆迁工作的重中之重。首先，行政机关应转变工作理念。开展工作时，应当切实从群众的角度考虑问题，多走访被征地拆迁户，多开座谈会，倾听他们诉求，征求他们意见，将矛盾化解在萌芽状态。其次，应当合理规范行政行为，包括前期审批、协调、沟通等行为。再次，通过具体培训机制，对组织征地拆迁范围内的村、组干部、具体负责人员进行系统培训，就征地拆迁各项事宜、工作做法、态度等进行系统学习。监督部门有效发挥监督职能，对征地拆迁行为进行实时监督。设立便民监督办，公布监督电话，对于群众反映的问题尽快沟通协调，促使纠纷化解。

4.进一步评估和明确征收标准。根据市场实际情况，重新评估原有的拆迁补偿标准，如有必要可以对拆迁标准进行调整；建立公开透明、中立公正的征收补偿程序，保障被征收人的知情权、参与权、救济权；建立公正、公平和及时到位的征收补偿制度，既要防止补偿不到位，也要杜绝补偿过度；既要保证补偿标准的科学，也要保证具体补偿的及时到位。

5.尽快解决失地农民的生计问题。政府相关部门应当承担起责任，解决农民的生计问题，解除农民的后顾之忧。相关部门应适时介入，解决失地农民的生计问题。要重点保障失地农民的就业，在城市物业、餐饮等行业优先安置被征地农民，无论是社会保险，还是就业，都需要建立一套完整的刚性制度去规范、去约束，以避免造成新的贫困群体，引发再生矛盾，以致影响社会稳定。对居委会来说，可以充分利用区委党校旁边12亩预留地，打造商超综合体，解决万山长期缺少大型商业超市的问题，同时也解决村民持续稳定分红收入的问题。据社区监委会委员杨华珍介绍，铜仁市第八中学后面仍有约300亩荒地，应该积极争取相关部门明确土地使用规划和土地使用性质，如果有明确规划方向，应该尽早给予村民补偿。如果可以供村集体使用，应尽快积极进行项目的策划和可行性论证，争取早日产生效益。[①]

(二) 推动农村社区向城市社区服务管理功能转型

1.提升社区管理和服务水平。建议进一步深化对"村改居"社区治理体制的全方位改革，消除城市化进程中各种制度壁垒，使这些"农村"社区成为真正的城市社区，全面与城市接轨。积极培育业委会、公益组织、物业公司等各类社区组织，促进社区治理网络发育，实现多元协同的社区善治。

2.探索农村集体资产改制，从源头上保障社区治理良性运行。建议借鉴广东、安徽等地经验，成立集体资产管理经营公司，将社区自治组织和经济组织剥离，通过居民利益股份化改革，理顺居民的属地管理，将利益协调回归市场。通过对农村集体资产的改制，可以有效解决当前农民不愿进城的制度瓶颈，促进城镇化健康发展。同时，社区居委会可以从原来繁重的经济管理活动中解脱出来，有更多的时间和精力为社区居民服务，使社区组织真正成为服务型组织。

3.提升城市社区服务管理功能。提升社区居委会队伍素质，多渠道培育和引进专业人才，成立更多的专门社会服务机构，提升服务人员专业水平和公共服务水平，使社区公共服务专业化。完善社区专职工作者队伍培训制度，通过培训提高社区专职工作者队伍素质，提升社区公共服务能力。科学合理地对社区服务设施进行调整，按照实用、

---

① 资料来源：谢桥社区上街组编《关于实施谢桥社区田园式农业综合体项目的请示》，2017年。

好用的原则，根据居民实际需要，对志愿服务中心、法律援助中心、卫生服务中心、日间照料中心服务设施的布局、楼层进行调整，使这些服务设施真正发挥作用。

参考文献

1. 铜仁市万山区转型可持续发展大调研组：《万山区谢桥街道社区调研简报》，2018。

2. 罗小龙：《城镇中新"农村"社区转型之策》，《凤凰品城市》2016年8月。

3. 广宗县委常委、政法委书记杜鹏华：《当前征地拆迁引发的矛盾症结及化解办法》，河北长安网，2015年3月10日。

4. 谢桥街道谢桥社区：《谢桥街道谢桥村2014年精准扶贫建档立卡资料汇编》。

5. 谢桥街道谢桥社区：《谢桥街道谢桥村2015年精准扶贫建档立卡资料汇编》。

6. 谢桥街道谢桥社区：《谢桥街道谢桥村2017年精准扶贫建档立卡资料汇编》

7. 谢桥街道谢桥社区：《谢桥街道谢桥社区阵地建设资料汇编（2017）》。

8. 谢桥街道谢桥社区：《谢桥街道谢桥社区主体建设资料汇编（2017）》。

9. 谢桥街道谢桥社区：《谢桥街道谢桥社区保障措施资料汇编（2017）》。

10. 谢桥街道谢桥社区：《谢桥街道谢桥社区基层组织建设资料汇编（2017）》。

11. 谢桥街道谢桥社区：《关于实施谢桥社区田园式农业综合体项目的请示》，2017。

山涧水滋养一方百姓，
石板桥连通两畔真心。

老人、老照片、老物件，
忆往昔岁月，享当下余闲。

红砖、乌瓦，腊肉、龙爪，
粗看变的是衣食住行，细品留得住家乡滋味。

以规划创新、理念创新提升农业现代化水平

——瓦屋坪村调研报告

2018年10月17~19日，铜仁市万山区转型可持续发展大调研调研组成员李明环、洪羽婕前往谢桥街道瓦屋坪村开展实地调研。本次调研在村支部书记瞿政文的全程陪同下，先后走访瓦屋坪村瓦屋坪组、水井湾组、陆必冲组、张家组、狮子岩组、龙洞组、大土坳组、瞿家组、谭家组、板山组、陈家组、潮溪组、田家组等13个村民组。与村支部书记瞿政文、村委会主任李建军召开座谈会1次，访谈原驻村干部杨胜勇、退伍军人李老军、原妇女主任孟英萍、脱贫代表张超、致富带头人张绍刚共计5人次，先后走访村民李明亮、滕玉书、田春凤、毛七妹、张超、瞿元昌、瞿兴元、瞿兴国、田井良、向开水共计10人次，调研村集体产业瓦屋坪村鸿运种养殖专业合作社、现代生态养殖小区项目共计2处。收集原第一书记刘毅《2016年驻村工作述职报告》、原驻村干部杨胜勇《瓦屋坪村2017年驻村工作总结》、第一书记姚登富《2018年上半年瓦屋坪村驻村工作总结》以及《瓦屋坪村2014~2018年发展历程》等共计4份资料。

从调研情况看，瓦屋坪村给人最直观的感受可以概括为六个字：远、散、险、静、老、真。一是远，瓦屋坪村是谢桥街道最偏远的一个村，距离谢桥新区16公里，由于山路崎岖，开车需要40分钟左右。二是散，瓦屋坪村共16个组，其中7个组位于山上，9个组位于山下溪旁，溪旁9个组更是被溪水分隔两岸，但山下村民组房屋相对集中。三是险，通往山上村民组的盘山路相对陡峭、狭窄，有些路段没有护栏，有些路段道路外侧是悬崖，但由于树草丛生不好判断道路外侧的具体情况。四是静，因为劳动力外出务工、子女外地就学、易地搬迁等，瓦屋坪村常住人口并不多，整个村庄显得格外清静。五是老，首先是有着四五十年历史的木质老房子很多，其次是村里老年人居多，不乏八九十岁的老年人。六是真，村里民风淳朴，热情好客。

一、基本概况与历史沿革

（一）基本信息

瓦屋坪村位于谢桥街道东南部，东与谢桥街道牙溪村相连，西与茶店街道垢溪村交界，南同敖寨乡杨家寨村相连，北与谢桥街道龙门坳村毗邻。平均海拔580米，东西宽3公里，南北长7公里，总面积17.98平方公里。瓦屋坪村有丰富的山泉水资源，能够满足全村人畜饮用需求，还有丰富的林地资源，全村森林覆盖率达80%。全村辖16个村民小组，沿石竹河瓦屋坪段有9个村民小组，狮子岩至板山上有7个村民小组，全村共有595户1743人，以侗族、苗族、土家族村民居多。瓦屋坪村约98%的青壮年劳动力外出务工，常住人口约300人，绝大部分为老年人。本村老年人中，60岁以上约260人，80岁以上约20人，90

岁以上约5人。瓦屋坪村是三类贫困村，于2016年出列，全村共有建档立卡户171户582人，多为因灾、因病致贫。截至2017年底，全村已脱贫158户540人，贫困发生率约为2.41%。截至2018年10月26日，全村实现两批易地扶贫搬迁共计75户270人，其中，2016年实现易地扶贫50户169人，2017年实现易地扶贫搬迁25户101人。此外，全村有低保户134人、[①] 五保户7户、三无人员（无劳动能力、无收入来源、无子女赡养）7人。

（二）基层组织概况

脱贫攻坚以来，瓦屋坪村形成了由第一书记、包村干部、村支监"三委"组成的基层组织队伍。当前，第一书记为万山区民宗局常务副局长姚登富，主要负责瓦屋坪村组织建设方面的工作；包村干部为谢桥街道办事处副主任杨青，主要负责村大政方针方面的工作；村支部书记为瞿政文，主抓村党组织建设方面的工作；村委会主任为李建军，主要负责村务方面的工作；村监委主任为李代圆，主要负责村务监督方面的工作。全村共有党支部1个、党小组7个、党员40人。

（三）瓦屋坪村特色

瓦屋坪村原名苏家沟，相传古代此地有一条龙，位于瓦屋坪组对面悬崖之上，不停向对面移动，想把中间的沟壑填平，后苏家沟来出现一位能人，把龙钉死在悬崖壁上，阻止了变化，后苏家沟改名瓦屋

---

① 基础数据由村支部书记瞿政文提供，其中低保户78户为易地搬迁之前统计数据。

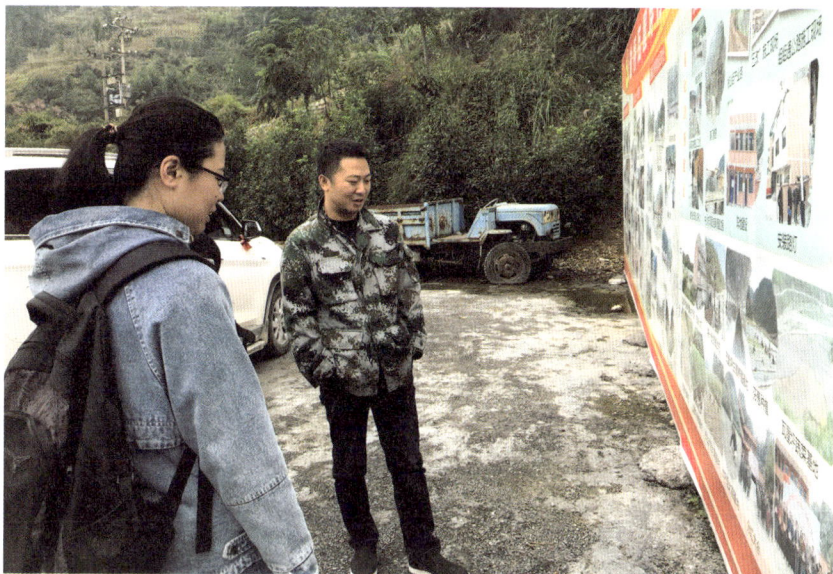

2018年10月17日，调研五组观看瓦屋坪村脱贫攻坚掠影展板。

坪，寓意向往地面平坦，[①]1996年正式确定为瓦屋坪行政村。[②] 瓦屋坪村有二天上（位于土坪组）、龙洞电站（位于龙洞组）两处风光。二天上有条黑岩石，古传有条蟒蛇常年进村祸害村民及家畜，某日蟒蛇被村民打伤，寻觅二天上的灵芝疗伤，正当接近二天上时被阳光照射，化为黑石。

　　作为少数民族村落，瓦屋坪村民居以二层苗寨风格木质房为主，保存相对完整且具居住条件，此外夹杂以土橘色为主色调的砖瓦房，整体上看，房屋色调一致，具有一定的观赏性。地方特色方面，瓦屋坪村有蒿菜粑、打糍粑、手磨豆腐菜等特色饮食，有地方戏曲傩戏，还有编制竹制品容器的手工技艺。

---

① 资料来源：《铜仁市万山区志》。
② 资料来源：《瓦屋坪村 2014~2018 年发展历程》。

二、基础条件与特色优势

（一）设施配套相对完备

2014年以来，瓦屋坪村基础设施建设逐步完善。截至目前，瓦屋坪村实现自来水全覆盖，安全用电全覆盖，组组通硬化水泥路全覆盖，多彩贵州"广电云"户户用全线铺开，实现省、市、县、乡、村五级光缆网络全覆盖。尚未接通天然气，居民多烧柴做饭。

公共服务方面，瓦屋坪村建有村小及幼儿园1处（因生源问题村小于2016年停办，幼儿园共有3名学生、1名志愿者教师）、村卫生室1处、村医1名、村级活动室1个、娱乐文化中心1处、休闲长椅10余张、太阳能路灯210余盏。村民普遍表示，近两年村里发生了翻天覆地的变化，房屋、道路变化最大。谈到村里的变化，瓦屋坪村原妇女主任孟英萍表示，路灯这些都搞好了，现在出去都方便了。

（二）产业发展势头良好

瓦屋坪村经济发展相对落后，村民收入来源主要为劳务输出和传统种养殖业。村内青壮年劳动力主要流向碧江区、省外，多从事建筑行业，收入水平大致为3万元／年。2017年瓦屋坪村实现了集体产业从无到有的改变。2016年瓦屋坪村利用国家脱贫产业项目资金100万元作为启动资金，投资建成年出栏3000头的生猪养殖场，2017年养殖场正式运营，2016年至2017年共出栏1900头生猪。2017年，瓦屋坪村规划建设近100亩的露天蔬菜基地，获益达5万余元。当前，村集体产业由瓦屋坪村鸿运种养殖专业合作社代为管理。2018年，瓦屋坪村与铜仁市鸿生农业发展有限公司签订了《现代生态养殖小区项目框架协议》，计划投资8000万元，在一年内投资建成一座占地500亩年出栏10万头的生猪养殖场。新建的养猪场共分为种猪培育区、商品猪育肥区、生活区三个区域，首批养殖生猪上万头。当前村集体产业也是村里的主导产业。

此外，瓦屋坪村以发展增收致富产业为导向，通过政策宣讲、项目支持等方式，积极引导企业在村里发展产业，能人在村里发展合作社。本村致富带头人张绍刚介绍，他就是在村支部书记瞿政文的引导下回村创业办鱼塘、办农家乐的。他还介绍，了解到现在的政策，一些年轻人也想回村创业。

（三）乡村治理水平全面提升

长期以来，由于缺乏积极的引导和有效的管理，脏、乱、差成了

2018年10月18日，调研五组访谈原驻村干部杨胜勇。

瓦屋坪村的代名词。2017年以来，村里以点带面开展了一系列乡村治理工作，并取得了良好成效。居住环境改善方面，瓦屋坪村自开展精准扶贫工作以来，为82户村民实施了危房改造，"五改一化一维"工程惠及425户村民，及时解决了广大贫困户和困难群众的住房问题。环境卫生及垃圾处理方面，购买垃圾箱8个，购置垃圾桶30余个，并组建了由17名困难人群组成的村保洁员队伍，解决了村民垃圾堆放和村里的环境卫生问题。村容村貌方面，设置村寨标牌、规范路边宣传栏，修建小广场停车场，修建原木护栏、风雨走廊、民族大门等，村容村貌焕然一新。

此外，瓦屋坪村还制定了涉及爱国、遵纪守法、尊老爱幼等多方面内容共计10条的村规民约，并在路边设置宣传栏进行宣传。在此基础上，瓦屋坪村还开展了脱贫攻坚标兵、道德模范、好媳妇、致富能

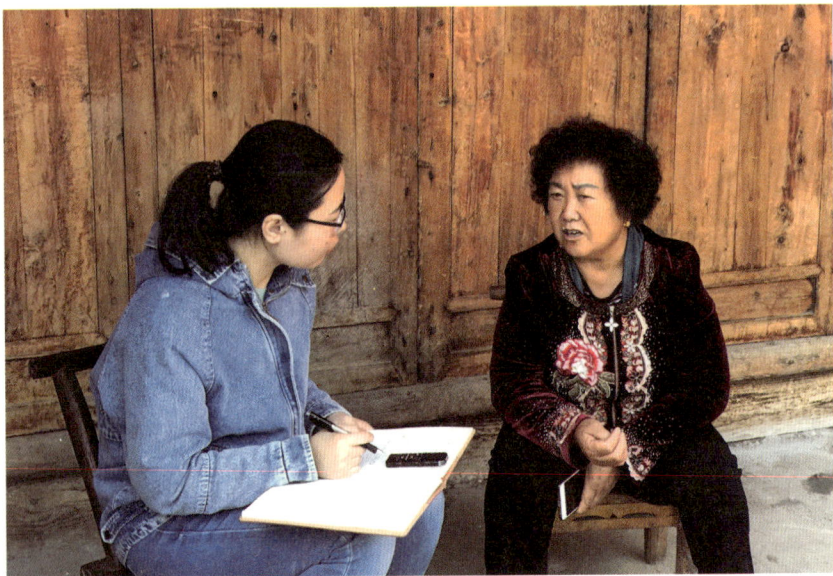

2018年10月17日，调研五组访谈原妇女主任孟英萍。

手等评比活动，以光荣榜的形式进行宣传，引导村民崇德向善。

（四）特色文化资源突出

物质文化资源方面，瓦屋坪村有相对完整的木质民族风房屋，并拟申报少数民族特色村寨。村里还存有红军剿匪时期遗留下来的土墙、无字墓。土墙保存完整，墙上的机枪眼清晰可见。瓦屋坪村内还有两处庵，以前村里会到庵里开展祭祀活动。庵的规模很大，但是由于历史原因，两座庵破坏严重。非物质文化资源方面，具有一定的傩文化底蕴。傩文化是侗族文化的一种表现形式，是一种非物质文化。原驻村干部杨胜勇表示，他希望瓦屋坪村能将侗族传统文化传承下去。

三、实践探索与经验模式

（一）"生猪养殖＋露天蔬菜"：发展特色山地高效农业

谢桥街道围绕"旅游兴业、农业增效、农民增收"的工作思路，提出突出特色产业，打造"一村一品、一村一业"的产业布局。在瓦屋坪村、石竹社区、龙门坳村、牙溪村统一规划、抱团发展，龙门坳村、牙溪村着力发展蔬菜大棚的背景下，瓦屋坪村依托自然环境，流转1000余亩土地，将生猪养殖和露天蔬菜作为本村特色，在推动本村农业结构调整的同时，也将山地高效农业做出特色、做出新意。成功打造了瓦屋坪村的特色品牌，并以差异化发展提升了瓦屋坪村、石竹社区、龙门坳村、牙溪村抱团发展的质态。瓦屋坪村村委会主任李建军介绍，瓦屋坪村年出栏10万头的生猪养殖场建成后将是万山区乃至铜仁市规模最大的生猪养殖基地。

（二）"政策讲解＋资金支持"：培育产业发展带头队伍

从产业扶贫的角度看，贫困村发展产业需要创业带头人的探索和引领，只有通过带头人示范带动，让贫困户跟着走，才能走出产业扶贫的道路。调研发现瓦屋坪村较重视发展带头人的培育，通过政策支持和协调服务鼓励能人争当产业发展带头人。一方面，瓦屋坪村村支书瞿政文也是本村产业发展带头人，在其推动下成立了瓦屋坪村鸿运种养殖专业合作社和板山农业开发有限公司。另一方面，瓦屋坪村还鼓励和支持有能力的非贫困户和贫困户成立农业合作社，发挥其对本村产业发展的带动作用。2017年，土坪组种植大户瞿宝山成立了山丰农业有限公司，吸纳了瞿政才、瞿政喜、瞿永富3名贫困户入股，建成了8亩蔬菜种植基地。

四、突出问题与难点

瓦屋坪村是谢桥街道最偏远的山村，村支部书记瞿政文介绍，当前瓦屋坪村的发展仍然需要石竹社区的辐射带动，并戏称瓦屋坪村是谢桥街道"后花园的后花园"。瓦屋坪村转型发展过程中面临的主要问题与难点主要有以下四个方面。

（一）产业发展定位不清晰

在外出务工优势减弱、乡村振兴战略实施等多因素的影响下，瓦屋坪村出现村民回村创业、发展产业的趋势。由于缺乏系统产业发展规划的引导，瓦屋坪村以鼓励村民根据兴趣爱好、个人意愿发展产业为主，直接导致了小、散、乱的产业发展格局。可以说，产业发展存在一定的"盲目性"。围绕农旅综合体这一主题，瓦屋坪村发展了蔬菜、核桃种植，生猪、牛、鱼养殖等相关产业，但大多规模比较小，种养殖方式也比较传统，标准化水平较低。同时产业之间缺乏关联，产业优势不明显，产业体系不健全。村委会主任李建军也反映，结合本村的特色发展一些产业，是现在摆在他和瞿书记面前最头疼的事。

（二）农业产业化现代化水平较低

整体上看，瓦屋坪村生产力水平在低层次徘徊，农业产业化发展受阻，资金、项目、市场串联力度不足，村民持续增收难度较大。大部分村民科技文化素质偏低，在生产项目上往往只抱着老祖宗的"传承"，对具有发展潜力和前景的项目顾虑较多。此外，先进的适用技术还未在瓦屋坪村广泛普及，科技对本村农业产业的贡献率有待进一步提高。从对生猪养殖基地的考察来看，一方面，基地圈舍配备相对简单，没有配备智能化、信息化工具，圈舍卫生打扫主要靠人工，温度调解主要靠人工操作风扇，圈舍管理人工依赖性大。另一方面，养殖基地管理水平相对落后，基地技术管理人员为本村兽医，其专业水平、管理水平、文化水平与现代化产业发展的需要相比仍有一定差距。

（三）产业发展模式存隐患

当前瓦屋坪村主要采取"村'两委'＋贫困户＋合作社""企业＋贫困户""专业合作社＋贫困户"的产业发展模式，能够较大限度激发村民的产业发展热情，但从某种角度看，这种模式存在一定的隐患。贫困户、农户与合作社、企业之间的关系较为复杂，贫困户、农户以出租土地、照股份分红、在合作社内打工三种方式获得收入的现实使得其具有出租者、股东、劳动力等多重身份。这种情况下，合作社、企业不能完全按照企业化的方式进行管理，也不能轻易对贫困户、农户进行惩罚与解雇，这也许会成为合作社企业化运作的掣肘。调研发现，瓦屋坪村注册成立的几个合作社中，正在运营的仅有鸿运种养殖专业合作社，一定程度上能够说明当前产业发展模式存在的弊端。

（四）留守老人养老问题突出

调研走访发现，由于子女外出务工、不习惯城里生活方式、不愿意在养老院生活等，瓦屋坪村留守老人较多。他们大多数时间自己照顾自己，子女、帮扶干部不时给予生活关怀。尽管帮扶干部能够时常看望老人，给老人带来温暖，但是并不能从根本上解决老年人的养老问题。入户走访瞿兴元老人时，调研组发现由于生活起居在二楼，两位80多岁的老人上下楼还需踩着阳台处未固定的木质梯子，具有一定的危险性。此外许多村民的房屋建在山上，五步蛇之类的毒蛇也成为威胁老年人安享晚年的一个因素。尤其是农村医疗条件有限，老年人突发疾病、事故的概率较大，如不及时送医救治将威胁其生命安全。综合来看，瓦屋坪村老年人养老面临多方面的困难与威胁，改善老年人养老环境，让他们安享晚年是瓦屋坪村发展过程中需要解决的问题。

五、对策与建议

（一）以产业发展规划的制定实施明确本村产业发展定位与格局

规划引领是我国城市发展的重要经验。对于瓦屋坪村来说，产业发展规划制定的过程也是对本村经济、产业、社会、生态等内容全面梳理的过程，对于充分发掘利用现有土地、文化等资源，因地制宜发展产业与明确村庄发展目标具有重要的指导意义。

1. 领导干部要树立规划引领意识，协调有关部门、科研院所组织开展转型发展期产业发展规划制定的相关工作，综合考虑本村资源、基础，以及瓦屋坪村、石竹社区、龙门坳村、牙溪村抱团发展等因素，明确瓦屋坪村产业发展定位。

2. 要严格按照产业发展规划合理布局本村产业，制定本村产业发展导向目录和黑名单，鼓励村民根据导向目录发展产业，对于本村严禁发展的产业坚决不予批准，逐步构建本村产业发展格局。

3. 要搭建本村产业发展平台，强化市场信息发布、技能培训、企业指导等服务，强化资金、项目、产品、市场等的串联，为本村同类

2018年10月17日，调研五组与村支"两委"开展座谈，了解村工作开展情况。

型合作社、企业构建友好的竞合关系。同时要依托平台打响、增强原产地品牌的知名度和影响力。

（二）通过理念提升与强化配给提高农业产业化现代化水平

1. 多措并举，引导农业产业由生产导向向消费导向升级。瞄准市场需求，尊重消费者选择，通过标准化生产、企业化经营、市场化运作，让农产品供应更加适应市场需求。一是通过政策宣讲、合作社培训等多种方式扩大宣传，引导村民了解、建立市场意识，营造消费导向生产氛围。二是强化龙头企业联农带农激励机制，构建市场牵龙头、龙头带基地、基地连农户的运行机制，以统一的市场化运作，提高农户的市场适应能力。三是要引导合作社、企业建立更为完善的生产标准、经营准则和奖罚措施，明晰农户、合作社、企业的职责，构建更科学、更稳定、更紧密的产业发展关系，提升合作社的规范化水平。

2. 提高技术装备、科技培训等配置水平，引导瓦屋坪村逐步实现农业现代化。一方面要根据瓦屋坪村地形地势等条件，引进、完善合适的种养殖智能化、信息化设备，提高农业产业的科技和机械化利用率，进而提升生产质量和效率。另一方面要依托"雨露计划"等加大新型职业农民培训力度，鼓励农民采取"半农半读"等方式就近就地接受职业教育，提高劳动力的技术能力与素质水平，壮大致富带头人队伍。此外，要继续依托"春晖行动"引导有志于投身现代农业的农民工和大学生返乡创业。

（三）加强实践探索，探索农村居家养老新模式

老龄化是当前社会发展面临的通病，农村养老成为困扰农村发展

的一个重要难题。从当前的情况看，居家养老仍将是农村老年人的首要选择。

要综合考虑老年人需求、老年人乐于接受的方式、经济等因素，开展居家养老的实践探索。调研发现，瓦屋坪村60岁以上老人，各年龄段均占一定比例。可以探索"联络员＋服务员"的模式，以本村60到70岁、身体健壮的老人作为养老联络员，发挥他们乡亲邻里彼此熟悉的优势，通过联络员与70岁以上或者身体状态不佳的老人的日常聊天，及时掌握这些老年人的生活需求和状况。同时，以低偿或者无偿的方式招聘具有养老服务素质的志愿者，精准对接老年人的养老需求，提供有针对性的养老服务，以养老联络员、养老服务员联合的方式，探索居家养老的新模式。

参考文献

1. 韩世雄 :《钱学明委员 : 应重视农村创业 带头人的带动作用》,《中国扶贫》2017年第6期。
2. 蒲继涛、崔珩、欧阳川月 :《乡土产业引领村庄的复兴发展——城市近郊村庄产业发展现状及策略研究》,《城市建筑》2016年第29期。
3. 国务院 :《全国农业现代化规划（2016《全国农业年）》, 2016年10月20日。

后　记

作为一个有着几千年历史的农业大国，"三农"问题一直是关系我国经济和社会发展全局的重大问题，并得到众多专家学者的持续关注和研究。我国社会学大师费孝通先生所著的《江村经济》，对20世纪30年代中国农民的生活做了系统深刻的描述，掀起了我国乡村调查研究的热潮，被誉为"人类学实地调查和理论工作发展中的一个里程碑"。随着工业化、信息化、城镇化、农业现代化的加速推进和叠加效应凸显，乡村作为中国乡土社会的基础单元，正在经历前所未有的变化。党的十九大报告首次提出实施乡村振兴战略，乡村未来到底何去何从开始重新引起社会各界的高度关注和广泛思考，各级政府也把实施乡村振兴战略摆在了优先位置。

在此背景下，铜仁市委、市政府全面贯彻落实习近平新时代中国特色社会主义思想，聚焦乡村振兴战略的实施，组织安排了万山转型可持续发展大调研，铜仁市人民政府发展研究中心联合北京国际城市发展研究院、贵阳创新驱动发展战略研究院组成了万山转型可持续发展课题组，开展了为期一年的跟踪研究与成果转化工作。自2018年5月起，铜仁市委、市政府首席顾问连玉明带领课题组人员先后赴万山开展了三次前期摸底调研，分别对产业园区（铜仁高新区、万山经开区）、旅游品牌（朱砂古镇、彩虹海）、重点企业（万仁新能源汽车公司、九丰农业博览园）以及部分乡镇（高楼坪乡、万山镇）进行了实地考察，并与万山区委、区政府进行了座谈交流，把握了万山乡村发展的总体情况和基本脉络。

2018年9月，课题组反复学习领会习近平总书记关于实施乡村振兴战略的重要论述，编辑了万山区乡镇（街道）与村（社区）基础资料，为开展万山转型可持续发展大调研做好了前期准备。

2018年10月13日至28日，课题组组织北京国际城市发展研究院、贵阳创新驱动发展战略研究院、铜仁市人民政府发展研究中心研究人员组成86人的调研团队，赴铜仁市万山区各部门、重点企业、乡镇（街道）、村（社区）开展了为期15天的集中调研。调研期间，课题组共召开了100余场座谈会，实地考察了100多个产业项目，走访近1000户群众，重点访谈约500人，实现了95个村（社区）、重点部门、重点企业的全覆盖，撰写形成了90篇[①]调研报告。调研结束之后，课题组通过对调研报告进行修改完善，撰写形成了《山村调查》（五卷）。本书重点研究了五个方面的问题。

一是摸清基础情况。课题组深入各村（社区），系统收集了全区各村（社区）的地理位置、平均海拔、主要民族、主要姓氏、

---

① 出于行政区划调整、易地搬迁以及个别村（社区）体量较小等原因，有5个村（社区）没有单独形成调研报告，故调研报告总篇数为90篇。

户籍人口、贫困人口、党员数量等基础信息，统计了各村（社区）水、电、气、网络、道路、学校、文化广场、社区医疗机构和养老机构等基础设施和商铺、宾馆旅社、驻区单位、集体经济等基本情况，总结了建国70周年，尤其是改革开放40年来万山各村（社区）的发展变化。

二是找准优势特点。课题组走进田间地头，深入村寨山林，围绕各村（社区）的自然资源、文化遗产、农业项目等进行了调查和分析，找准了各村（社区）的优势与特色，为其今后的发展提供了思路与方向。

三是挖掘典型经验。通过座谈交流，课题组发现并挖掘了一批具有典型示范价值的经验模式，如"九丰农业＋"农旅融合发展模式、"龙头企业＋贫困户"产业扶贫模式、"622"集体经济产业扶贫分红模式等。这些典型经验模式是万山人民勤劳智慧的集中体现。

四是发现突出问题。通过与各村（社区）领导干部、群众的沟通交流，课题组归纳总结了当前万山各村（社区）发展中面临的主要问题和工作难点。比如，村集体经济发展壮大的问题，农村创新创业资金不足的问题，农村留守儿童的教育问题，乡村医生、乡村教师流失的问题，农产品对外销售难的问题等。这些问题既是万山各村（社区）存在的个性问题，也是广大农村地区普遍存在的共性问题。

五是提供对策建议。课题组根据各村（社区）的发展现状、特色优势以及存在问题，提出了有针对性的问题解决方案与建议，这不仅有利于促进万山各村（社区）的健康发展，对于其他农村地区的发展也具有重要的借鉴意义。

在开展调研和撰写书稿的过程中，铜仁市委、市政府专门下发通知，并由市委、市政府主要领导担任调研组组长和副组长，为大调研工作提供了全面保障。万山区委、区政府不仅为大调研工作提供了信息保障、车辆保障、食宿保障和安全保障，还在书稿的撰写、修改过程中给予了充分支持，提出了许多宝贵的修改意见。万山区全体党员干部及广大群众积极配合调研工作，不仅提供了丰富的素材与数据，还提供了许多基层工作的思考与建议。可以说，《山村调查》（五卷）凝聚了铜仁市、万山区两级领导干部和基层群众的思想和智慧，是对万山乡村社会的一次立体式呈现。此外，社会科学文献出版社社长谢寿光高度重视本书的出版工作，指示组织多名编辑对本书进行精心编校、精心设计，保证了本书的如期出版。在此，一并表示感谢！

在研究和编写本书过程中，我们充分利用调研资料，尽力搜集最新文献、吸纳最新观点，以期丰富本书的思想及内容。但受著者水平所限，难免有疏漏之处，恳请读者批评指正。

2019年9月12日

图书在版编目(CIP)数据

山村调查：中国脱贫攻坚的社会调查：全五卷／
连玉明主编. －－北京：社会科学文献出版社，2019.11
ISBN 978 - 7 - 5201 - 5764 - 3

Ⅰ.①山… Ⅱ.①连… Ⅲ.①农村 - 扶贫 - 调查报告
- 中国 Ⅳ.①F323.8

中国版本图书馆 CIP 数据核字（2019）第 234647 号

山村调查：中国脱贫攻坚的社会调查（全五卷）

主　　编／连玉明

出 版 人／谢寿光
责任编辑／王　展　柯　宓　张　媛

出　　版／社会科学文献出版社·皮书出版分社（010）59367127
　　　　　　地址：北京市北三环中路甲 29 号院华龙大厦　邮编：100029
　　　　　　网址：www. ssap. com. cn
发　　行／市场营销中心（010）59367081　59367083
印　　装／北京盛通印刷股份有限公司

规　　格／开 本：787mm × 1092mm　1/16
　　　　　　印 张：103.75　字 数：1235 千字
版　　次／2019 年 11 月第 1 版　2019 年 11 月第 1 次印刷
书　　号／ISBN 978 - 7 - 5201 - 5764 - 3
定　　价／498.00 元（全五卷）

本书如有印装质量问题，请与读者服务中心（010 - 59367028）联系